PORTUGUÊS XXI

Caderno de Exercícios 1

Autora
Ana Tavares

Direcção
Renato Borges de Sousa

GRUPO **LIDEL**

LISBOA (Sede): Rua D. Estefânia, 183, r/c.Dto.
Tel. 21 351 14 43   Fax 21 352 26 84
PORTO: Rua Damião de Góis, 452
Tel. 22 557 35 10   Fax 22 550 11 19

Título:	PORTUGUÊS XXI 1 – Caderno de Exercícios	
Autor:	**Ana Tavares**	
ISBN:	**978-972-757-218-2**	
PREÇO EURO:		
Cód. Cliente:		☐ FIRME ☐ SN
Fact. N.º	Data / /	☐ CONSIGNAÇÃO

LISBOA Av. Praia da Vitória, 14
Tel. 21 354 14 18-Fax 21 317 32 59
PORTO Rua Damião de Góis, 452
Tel. 22 557 35 10-Fax 22 550 11 19

GRUPO **LIDEL**

Lidel - edições técnicas, lda

LISBOA - PORTO
e-mail: lidel@lidel.pt
http:/www.lidel.pt (Lidel On-line)
(*site* seguro certificado pela Thawte)

COMPONENTES DO MÉTODO

NÍVEL 1
Livro do Aluno + CD
Caderno de Exercícios
Livro do Professor

Pack
(Livro do Aluno + CD
+ Caderno de Exercícios)

NÍVEL 2
Livro do Aluno + CD
Caderno de Exercícios
Livro do Professor

Pack
(Livro do Aluno + CD
+ Caderno de Exercícios)

NÍVEL 3
Livro do Aluno + CD
Caderno de Exercícios
Livro do Professor

Pack
(Livro do Aluno + CD
+ Caderno de Exercícios)

EDIÇÃO E DISTRIBUIÇÃO

Lidel - edições técnicas, lda

ESCRITÓRIOS: Rua D. Estefânia, 183 r/c Dto., 1049-057 Lisboa
Internet: 21 354 14 18 - livrarialx@lidel.pt
Revenda: 21 351 14 43 - revenda@lidel.pt
Formação/Marketing: 21 351 14 48 - formacao@lidel.pt/marketing@lidel.pt
Ens. Línguas/Exportação: 21 351 14 42 - depinternational@lidel.pt
Fax: 21 357 78 27 - 21 352 26 84
Linha de Autores: 21 351 14 49 - edicoesple@lidel.pt
Fax: 21 352 26 84

LIVRARIAS: LISBOA: Avenida Praia da Vitória, 14, 1000-247 Lisboa – Telef. 213 541 418 - Fax 213 173 259 – livrarialx@lidel.pt
PORTO: Rua Damião de Góis, 452, 4050-224 Porto – Telef. 225 573 510 - Fax 225 501 119 – delporto@lidel.pt

Copyright © Janeiro 2003
Edição revista Outubro 2004
Lidel - Edições Técnicas Limitada

Capa e Paginação: Imagem Final, Lda
Ilustrações: Alexandra Guilhoto
Fotografia: Sílvia Pereira
Impressão e acabamento: Rolo & Filhos II, S. A. – Indústrias Gráficas
Depósito legal n.º 245040/06

ISBN: 978-972-757-218-2

PORTUGUÊS XXI

Português XXI – Iniciação destina-se a alunos principiantes ou falsos principiantes. Este primeiro livro cobre as estruturas gramaticais e as áreas lexicais básicas, preparando gradualmente o aluno para se expressar de forma eficaz no presente, no passado e no futuro.

A existência de um Caderno de Exercícios permite que o aluno trabalhe essencialmente as áreas gramaticais e lexicais que surgem nas aulas e poderá ser utilizado em casa, como um trabalho complementar. Assim, logo desde o início, a aprendizagem na aula, tendo o apoio do CD-Áudio, privilegia a oralidade.

O Português XXI é um material que tem uma preocupação especial pelo desenvolvimento da compreensão e da expressão oral do aluno em situações reais de fala, pelo que no final deste nível o aluno sentir-se-á apto para: dar e pedir informações de carácter pessoal, geral e profissional; fazer perguntas, pedidos e marcações; pedir e dar instruções; fazer descrições; relatar factos passados e da vida quotidiana; fazer planos; dar a sua opinião, discordar ou manifestar acordo; expressar-se nos vários estabelecimentos comerciais.

No final de cada unidade, existe sempre um exercício de carácter fonético para que o aluno tenha a oportunidade de ouvir e praticar os sons em que habitualmente sente mais dificuldade.

UNidade

1

1. **Complete com os artigos definidos: *o, a, os, as.***

	professora		director
_____	casas	_____	secretária
_____	médico	_____	capital
_____	alunos	_____	número
_____	amigo	_____	dicionários

2. **Complete com: *de / do / da / dos / das.***

Ele é...

_____ Portugal

_____ Alemanha

_____ Brasil

_____ Estados Unidos

_____ Filipinas

_____ Inglaterra

_____ Japão

3. **Complete com: *em / no / na / nos / nas.***

Eu tenho amigos _____ Brasil.

Tu tens amigos _____ Lisboa.

Los Angeles é _____ Estados Unidos da América.

Ele está _____ Filipinas.

Nós moramos _____ Suécia.

Londres é _____ Inglaterra.

Ele estuda _____ Canadá.

4. **Complete as frases.**

1. Olá! Como _____ ?
   Bem, _____ .

2. Este é o João.
   _____ prazer. Como está?

3. Quem é ela?
   É a secretária _____ Sr. Figueira.

4. Boa _____ . _____ -me Manuel Figueira.
   Muito _____ .

5. Nacionalidades

portugueses, brasileiro, polaco, espanhol, italianos, austríaco,

japonesa, holandês, húngaro, belga, irlandês, alemã, suíças,

finlandeses, dinamarquês, inglesa, norueguesa, grega

Complete com as nacionalidades.

1. O Pablo é de Espanha.
   Ele é _____ .

2. A Ingrid é de Berlim.
   Ela é _____ .

3. A Susan é de Londres. Londres é a capital da Inglaterra.
   A Susan é _____ .

4. O Luigi e a Paola são de Roma.
   Eles são _____ .

5. O Roberto é do Rio de Janeiro.
   Ele é _____.

6. A Mayuma é do Japão.
   Ela é _____.

7. A Marie é da Bélgica.
   Ela é _____.

8. O Mário e a Isabel são do Porto, em Portugal.
   Eles são _____.

9. O Michael é da Holanda.
   Ele é _____.

10. A Ingrid e a Ruth são da Suíça.
    Elas são _____.

6. Escreva os diálogos na ordem correcta.

A - Estou bem, obrigada. E tu?
  - Estou bem, obrigado.
  - Olá. Como estás?
A - _____
_____
_____

B - Obrigada, até amanhã.
  - Boa viagem para casa.
  - Até amanhã, Rita.
B - _____
_____
_____

C - Muito prazer, António. Como está?
  - Muito prazer. Eu sou o António.
  - Este é o Miguel.
C - _____
_____
_____

D - Estamos bem. E você?
  - Boa tarde. Como estão?
  - Bem, obrigado.
D - _____
_____
_____

7. Os números

Escreva os números à frente da palavra.

três	_____	um	_____
treze	_____	cinco	_____
seis	_____	sete	_____
dezasseis	_____	doze	_____
dez	_____	nove	_____
zero	_____	catorze	_____
dois	_____	dezoito	_____
dezassete	_____	oito	_____
quatro	_____	quinze	_____
dezanove	_____	vinte	_____

8.

CARTÃO DE ESTUDANTE

NOME: Brigitte Deutschmann
MORADA Rua do Sol, n.º 5   Lisboa
TELEFONE: 3 1 2 1 1 5 6
NACIONALIDADE: Alemã
PROFISSÃO: Estudante
ESTADO CIVIL: Solteira
SEXO: [M]

a) Complete os espaços.

Ela _____-se _____. _____ na Rua _____ . O
_____ de telefone dela é o _____ . Ela não é portuguesa; é _____.
A Brigitte não é casada; é _____. A _____ dela é estudante.

b) Agora, imagine que este é o seu cartão. Complete-o.

CARTÃO DE ESTUDANTE

NOME: . . . .

MORADA: . . . .

TELEFONE: . . . .

NACIONALIDADE: . . . .

PROFISSÃO: . . . .

ESTADO CIVIL: . . . .

SEXO: . . . . .F ☐ . . . . . . .M ☐

---

9. Junte cada pergunta com a resposta adequada.

1. Qual é a profissão do Tó?
2. De onde és?
3. Como se chama?
4. Como está?
5. Quem é ele?
6. Qual é a nacionalidade do Felipe?
7. Onde mora?
8. Você é alemã?
9. Onde é Lisboa?
10. Ela é secretária?

a. Em Portugal.
b. Bem, obrigado.
c. Em Lisboa.
d. É colega da Ana.
e. É espanhol.
f. Não, sou inglesa.
g. Sou de Inglaterra.
h. Não, é professora.
i. Chamo-me Manuel.
j. É arquitecto.

10. Complete as frases com as seguintes formas: *sou, temos, é, somos, és, têm, chamo, tens, fala, moro, chama, falo, tenho, mora, tem, são.*

1. _____ -me Marta.

2. (Eu) _____ recepcionista.

3. Quem _____ ele?

4. Ela _____ em Cascais.

5. Você _____ solteiro?

6. Quem _____ os teus professores?

7. Ele _____ -se Pedro.

8. Sou de Lisboa, mas _____ em Sintra.

9. A Susan _____ inglês.

10. Os meus colegas _____ simpáticos.

11. (Tu) _____ alemã?

12. Eu _____ francês, inglês e alemão.

13. (Eu) _____ muitos amigos angolanos.

14. Quantos anos é que ela _____?

15. Eu e a Brigitte _____ estudantes.

16. (Tu) _____ um dicionário de português.

17. O Dr. Soares e a mulher _____ dois filhos.

18. Nós hoje não _____ aulas.

11. Ordene as frases.

1. é   Madrid   Onde?

_____

2. ou   são   Vocês   estudantes   professores?

_____

3. Marta   de   é   A   Paris.

_____

4. onde   é   De   António   o?

_____

5. é   da   profissão   Qual   a   Brigitte?

_____

6. ele   é   Quem?

_____

7. você   chama   se   é   que   Como?

_____

8. tem   casada   vinte   é   Ela   e   anos

_____

9. colega   Este   o meu   é

_____

10. Marta   do   A   Dr. Figueira   a   é   secretária

_____

11. português   Sou   sou   inglesa   estudante   e   de

_____

12. Portugal   Ela   mas   espanhola   em   mora   é

_____

13. música   Lisboa   Ela   e   de   em   mora   gosta

_____

14. são   alunos   De   estes   onde ?

_____

15. português   brasileiros   Os   falam   também

_____

12. **Ponha as seguintes frases na <u>negativa</u>.**

1. Sou secretária e sou portuguesa.

   _____

2. Agora ela mora em Lisboa.

   _____

3. Os filhos do Dr. Soares falam português.

   _____

4. Sou do Brasil.

   _____

5. Eles falam inglês.

   _____

6. Os meus colegas são muito simpáticos.

   _____

7. A professora é alemã e é casada.

   _____

8. Este é o meu advogado.

   _____

13. **Faça frases. Junte A + B + C.**

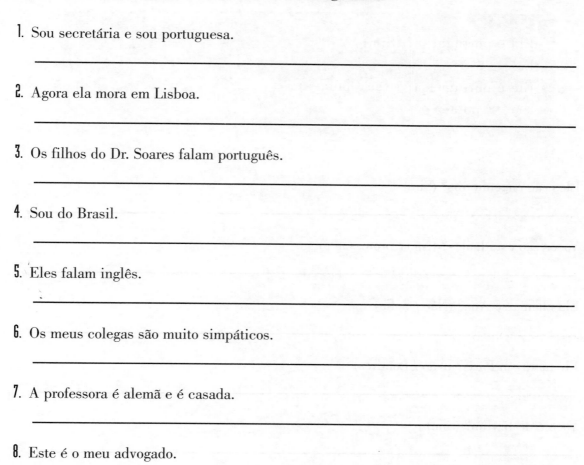

A	B	C
Eu	somos	português e inglês.
Tu	mora	no Brasil?
Você	têm	dois filhos: o André e a Filipa.
Ela	são	Manuel.
Ele	tens	professores de português.
Nós	sou	estudantes.
Vocês	chama-se	20 anos.
Eles	fala	a secretária do Dr. Soares.

14. Siga o exemplo e responda às perguntas.

> - Ela é portuguesa? (Sim)
> - É.
> - Ela é portuguesa? (Não / polaca)
> - Não. É polaca.

1. Eles são engenheiros? (Sim)

_____

2. Vocês são estudantes? (Não / professores)

_____

3. Ela chama-se Ana? (Não / Sofia)

_____

4. Ele mora em Paris? (Não / Londres)

_____

5. Você é de Berlim? (Sim)

_____

6. Ela tem aulas de português? (Não / aulas de inglês)

_____

7. Você tem filhos? (Sim)

_____

8. Vocês têm um dicionário de português? (Não / dicionário de inglês)

_____

15. Junte A + B + C.

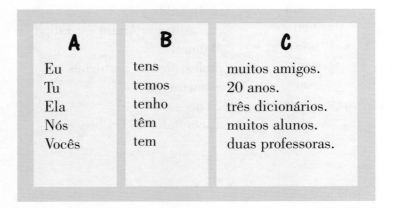

A	B	C
Eu	tens	muitos amigos.
Tu	temos	20 anos.
Ela	tenho	três dicionários.
Nós	têm	muitos alunos.
Vocês	tem	duas professoras.

UNidade
2

1.

Os nomes dos oito países onde se fala português aparecem neste esquema.

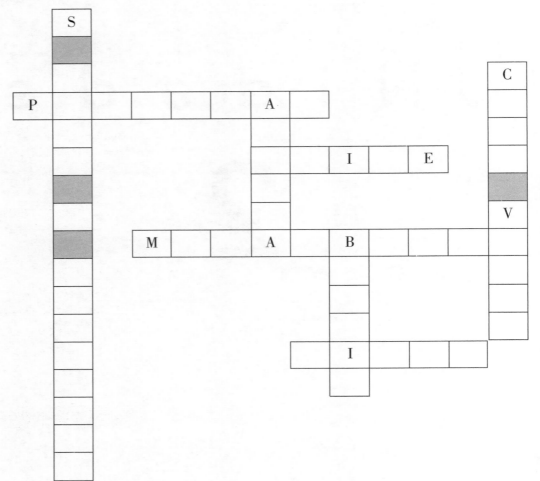

2. Complete as palavras com as sílabas que faltam.

to - far - go - fe - jo

de - ni - tau - tro - nha

a. pro_____ssor

b. res_____rante

c. quar_____

d. _____mácia

e. bo_____to

f. qua_____

g. gran_____

h. lar_____

i. cozi_____

j. su _____

3. Leia as indicações e complete.

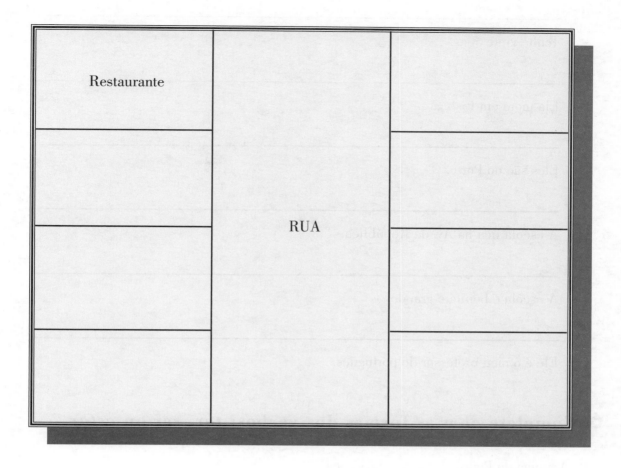

- O banco fica **em frente do** restaurante.
- O supermercado fica **entre** o restaurante e a farmácia.
- A escola fica **em frente da** farmácia.
- Os correios ficam **em frente** do supermercado.
- O cinema fica **ao lado da** escola.
- A estação fica **ao lado da** *farmácia.*

4. Complete com *um* ou *uma*.

_____	quarto	_____	hotel
_____	sala	_____	cinema
_____	cozinha	_____	hospital
_____	casa de banho	_____	café
_____	apartamento	_____	caneta
_____	cheque	_____	mesa

5. *Interrogativos.* **Faça perguntas.**

1. - _____ ?

   Tenho vinte anos.

2. - _____ ?

   Ela mora em Lisboa.

3. - _____ ?

   Eles são do Porto.

4. - _____ ?

   A escola fica na Av. da República.

5. - _____ ?

   A escola é bonita e grande.

6. - _____ ?

   Ele é o meu professor de português.

6. **Complete com as formas dos verbos:** *ter, ser* **ou** *estar.*

1. A amiga do Pedro _____ 24 anos.

2. Hoje eles _____ muito contentes.

3. Ele _____ jornalista.

4. A minha casa _____ 3 quartos.

5. O professor _____ na sala.

6. O jardim _____ longe do hotel.

7. Estes sapatos _____ muito caros.

8. Quantos livros é que os alunos _____ ?

9. O dicionário do João _____ em cima da mesa.

10. Aquele supermercado _____ muito grande.

7. **Complete as frases com a forma apropriada:** *têm / é / ficamos / são / moro / está / tem / ficam / há / mora.*

1. Todos os quartos _____ janelas.

2. Os apartamentos _____ perto do jardim.

3. Agora _____numa pequena casa no centro.

4. Hoje nós _____ em casa.

5. Entre a casa e a estação _____ um supermercado.

6. Ele _____ perto do emprego.

7. Como _____, Rita?

8. O quarto _____uma janela larga.

9. A cozinha _____grande e bonita.

10. As recepcionistas _____ simpáticas.

8. **Complete as frases com o verbo** *morar.*

1. O Pedro e eu _____ numa casa perto da escola.

2. Onde é que tu _____?

3. Os meus amigos _____ neste pequeno apartamento.

4. Ele _____ longe do metro.

5. Agora, eu _____ no centro da cidade.

9. **Complete as frases com o verbo** *ficar.*

1. A casa da Leonor _____ longe do parque.

2. Nós _____ na praia todo o dia.

3. Hoje eu _____ em casa.

4. Tu _____ no jardim toda a tarde?

5. Os apartamentos novos _____ entre o café e o supermercado.

10. Complete as frases conjugando os verbos dados.

1. O Rui (comprar) _____ uma casa antiga em Lisboa.

2. Eu (falar) _____ com a Rita na rua perto do cinema.

3. Os meus amigos (trabalhar) _____ longe de casa.

4. A Teresa e o Gonçalo (ter) _____ uma sala grande com janelas largas.

5. O Peter (ser) _____ de Londres, mas agora (estar) _____ em Lisboa.

6. (Haver) _____ uma escola secundária perto da casa da Rita.

7. Você (morar) _____ aqui?

8. O hospital (ficar) _____ em frente da biblioteca.

9. Eu (gostar) _____ muito de estar aqui nesta praia.

10. Eles (jogar) _____ futebol na escola.

11. Assinale os <u>contrários</u>.

1. O apartamento fica **perto do** mar.
a) junto ao   b) longe do

2. O quarto é **pequeno**.
a) grande   b) largo

3. A rua é **estreita**, mas muito tranquila.
a) larga   b) bonita.

4. A casa do João fica **atrás da** estação de metro e do mercado.
a)   ao lado da   b) em frente da

12. Complete as frases com: *bonita / estreita / pequena / bonito / pequenos / largas.*

1. A casa é _____ .

2. As janelas são _____ .

3. O apartamento do João é _____, mas a minha casa também é _____ .

4. A rua é _____ .

5. Os quartos são _____ .

UNidade
3

1. Três estudantes de português estão em Portugal para aprenderem a língua e cultura.

Pierre (França)	Simone (Alemanha)	Anders (Suécia)
estudar/ verbos irregulares	**tirar / fotografias**	**escolher / restaurante / típico**
aprender / preposições	visitar / monumentos	pedir / ementa
fazer / exercícios	tomar / café na "Brasileira"	comer / bacalhau
ler / texto	falar / pessoas / rua	beber / copo / vinho branco
ouvir / cassete	passear / ruas estreitas	tomar / café

Diga o que estão a fazer estes três amigos _neste momento_ / _agora_.

1. Neste momento o Pierre **está a estudar** os verbos irregulares.
2. _____
3. _____
4. _____
5. _____

6. Agora a Simone **está a tirar** fotografias.
7. _____
8. _____
9. _____
10. _____

11. Neste momento o Anders **está a escolher** um restaurante típico.
12. _____
13. _____
14. _____
15. _____

2. Complete a coluna da direita.

1. Normalmente **estudo** em casa.
2. Habitualmente **jogamos** futebol.
3. Às vezes **escrevo** postais aos amigos.
4. **Bebo** sempre água ao almoço.
5. A Carla e o Paulo **aprendem** línguas.
6. Normalmente **falas** bem português.
7. Todos os domingos **corremos** no estádio.
8. Geralmente **abres** as janelas da sala.

Neste momento _____ na biblioteca.
Agora _____ ténis.
Agora_____ cartas.
Hoje_____ vinho verde.
Neste momento_____ a tocar piano.
Hoje _____ muito mal.
Agora_____ no parque.
Neste momento_____ a porta do quarto.

3. Complete o quadro com estas formas verbais.

jogo	bebo	escrevemos
divide	trabalha	decides
compramos	vivem	aprendes
partem	abro	falam
moras	come	preferimos

Verbos em "-ar"	Verbos em "-er"	Verbos em "-ir"
eu _____	eu _____	eu _____
tu _____	tu _____	tu _____
ele _____	ele _____	ele _____
nós _____	nós _____	nós _____
eles _____	eles _____	eles _____

4. Complete o quadro com as terminações.

	compr**ar**	vend**er**	abr**ir**
eu	compr_____	vend_____	abr_____
tu	compr_____	vend_____	abr_____
você/ele/ela	compr_____	vend_____	abr_____
nós	compr_____	vend_____	abr_____
vocês/eles/elas	compr_____	vend_____	abr_____

5. Imagine que tem de fazer estas perguntas a uma pessoa (formal) ou a várias. Como é que pergunta?

	Você	Vocês
1. Vives em Lisboa?	**Vive** em Lisboa?	**Vivem** em Lisboa?
2. Estudas na universidade?		
3. Tens amigos em Portugal?		
4. Estás a jogar às cartas?		
5. Falas inglês?		
6. És do Algarve?		
7. Partes para Londres hoje?		
8. Escreves um postal aos amigos?		
9. Trabalhas muito?		
10. Abres sempre a janela?		

6. Ordene as palavras para formar frases.

1. sempre   me   cedo   De   levanto   manhã

_____

2. tarde   eles   Às   se   nunca   deitam   segundas-feiras

_____

3. chama   ele   Como   se   é que ?

_____

4. de   se   Ela   a   porta   esquece   sempre   fechar

_____

5. da   Às   nós   no   vezes   deitamo-nos   sala   sofá

_____

6. água   Tu   dias   todos   te   fria   lavas   com   os ?

_____

7. também   fria   água   me   Eu   lavo   com

   _____

8. ao   se   sempre   lado   do   sentam   Mário   Vocês ?

   _____

9. Manuela   Eu   me   chamo

   _____

10. dos   esqueces   Porque   tu   é   que   te   livros ?

   _____

7. Complete o diálogo.

A Inês encontra um colega estrangeiro à saída da Universidade.
Que perguntas é que o colega faz à Inês?

• _____?

São duas e um quarto.

• _____?

Estudo Filosofia.

• _____?

Chamo-me Inês. E tu?

• Eu chamo-me James.   _____?

Não, não sou de Lisboa. Sou de Évora.

• _____?

É no Alentejo.

• _____?

É uma cidade muito bonita dentro de um castelo.

• _____?

Agora estou a morar aqui em Lisboa com duas amigas.

• _____?

Não, é muito perto da universidade. Queres tomar um café?

• Boa ideia! Vamos.

8. Complete com: *de / a / em*. Faça a contracção com os *artigos definidos*, quando necessário.

1. _____ domingo nunca tenho aulas.
2. _____ manhã levanto-me _____ 8:00.
3. _____ segundas-feiras tenho sempre ginástica depois das aulas.
4. Hoje _____ tarde estou em casa. Podes telefonar.
5. _____ fins-de-semana eu e os meus amigos vamos sempre ao cinema _____ noite.
6. O James tem aulas _____ 9:00 _____ 12.00.
7. _____ sábado estou a trabalhar até tarde. Só acabo _____ 10.30.

9. Procure os dias da semana na horizontal e na vertical.

R	O	U	E	A	A	T	F	U	L	U	T	R
S	U	S	A	B	S	E	X	T	A	S	E	G
A	D	O	M	I	S	R	J	F	E	U	M	N
D	O	U	L	T	T	Ç	A	O	L	E	A	T
S	E	G	U	N	D	A	Q	G	Q	U	I	N
S	A	B	A	D	O	N	U	E	T	X	T	A
E	R	L	E	Q	M	U	I	Q	G	S	A	B
G	F	M	I	U	I	I	Q	U	A	R	T	A
H	G	M	I	E	N	T	N	I	I	T	E	R
I	J	R	Ç	A	G	O	R	N	J	S	S	A
D	M	Ç	A	G	O	R	N	T	O	A	R	O
A	N	A	Q	N	D	F	T	A	E	B	T	A

10. Que horas são?

1.   9:10   _____
2.   10:30 _____
3.   10:40 _____
4.   11:45 _____
5.   11:55 _____
6.   12:00 _____
7.   12:15 _____
8.   13:00 _____
9.   13:25 _____
10. 18:50 _____
11. 22:05 _____
12. 23:20 _____
13. 24:00 _____

11. Junte A + B + C.

A	B	C
Ao almoço (ela)	estou a beber	mais tarde.
Ao pequeno-almoço (eles)	levantamo-nos	uma água com gás.
Ao domingo (nós)	tomam	uma festa na casa da Joana.
Neste momento (eu)	come	uma sopa e uma sandes.
No sábado (nós)	temos	café com leite.

12. Complete o diálogo com as palavras dadas.

ementa / beber / almoçar / mesa /
mineral / queria / gás / fresca /
salada / dose / arroz

- Boa tarde!

- Boa tarde. É para _____ ?

- É, sim. Há lugares?

- Há sim. Tem esta _____ aqui perto da janela.

- Obrigado. Posso ver a _____ ?

- Com certeza. Aqui está.

••••••

- _____ uma _____ de filetes com _____ .

- Com ou sem _____ ?

- Com salada.

- E para _____ ?

- Queria uma garrafa de água _____ sem _____, mas _____

- É para já.

Unidade
4

1. **Substitua as partes sublinhadas pelos pronomes de complemento indirecto:** *me, te, lhe, nos, vos, lhes.*

1. A Catarina está a escrever uma carta **_à Rute_**.
   _____

2. No Natal, a Catarina vai oferecer muitos presentes **_aos pais._**
   _____

3. No Natal, vou telefonar **_para ti e para a Joana._**
   _____

4. Os professores explicam tudo muito bem **_a mim e aos outros estudantes._**
   _____

5. A Catarina nunca quer responder em português **_aos professores._**
   _____

2. **Responda às perguntas como no exemplo.**

Exemplo:
> - Telefonas à Catarina?
> - *Telefono-lhe.*

1. Escreves uma carta <u>ao teu amigo</u>?
   _____ .

2. Levas um presente <u>para a tua mãe</u>?
   _____ .

3. Compra os gelados <u>para mim e para os meus amigos</u>?
   _____ .

4. Conta-<u>me</u> o que faz em Londres?
   _____ .

5. Ela responde <u>ao professor</u> em inglês?
   _____ .

6. Lês-<u>me</u> a carta?
   _____ .

7. O senhor diz-<u>nos</u> o preço deste bolo?
   _____ .

8. Vestes o casaco <u>ao teu filho</u>?
   _____ .

9. Vocês entregam este livro <u>aos pais da Catarina</u>?
   _____ .

10. Eles escrevem-<u>vos</u> sempre um postal no Natal?
    _____ .

3. Sopa de letras

Encontre os nomes de 9 meios de transporte.

A	V	T	L	B	O	I	C	A	R	R	O	S	L
T	U	A	T	I	H	V	T	B	I	N	E	O	P
H	P	X	J	C	M	L	D	A	D	Z	B	H	L
C	F	I	Q	I	X	J	R	R	F	O	X	V	I
A	Z	R	M	C	G	N	T	C	L	X	E	I	E
M	F	G	V	L	D	A	E	O	D	H	L	S	V
I	D	B	P	E	L	E	C	T	R	I	C	O	R
O	X	A	U	T	O	C	A	R	R	O	F	A	X
N	H	P	S	A	Z	U	O	P	M	O	T	A	I
E	C	D	F	N	S	A	P	D	P	I	Q	E	S
T	T	M	D	A	V	I	A	O	F	L	A	Z	R
A	I	S	H	F	V	I	R	Z	O	L	N	P	T

4. Responda com as expressões adequadas.

Não posso.	Muito obrigado.
Também acho.	Eu prefiro aquela perto da janela.
Eu também.	Queria uma sandes de fiambre, por favor.
Não sei.	São quatro euros.

1. A que horas é o filme?

_____

2. Faça o favor de dizer.

_____

3. Queres ir ao cinema no sábado à noite?

_____

4. Quanto é?

_____

5. Eu gosto muito deste actor.

_____

6. Querem sentar-se nesta mesa?

_____

7. Ela canta muito bem.

_____

8. Aqui tem o seu troco.

_____

5. Escreva os contrários das palavras e escreva uma frase.

1. levanta-se ≠ deita-se   O João levanta-se muito cedo e deita-se tardíssimo.

2. vende ≠ _____

3. em frente de ≠ _____

4. cedo ≠ _____

5. grande ≠ _____

6. barato ≠ _____

7. sempre ≠ _____

8. à noite ≠ _____

9. mau ≠ _____

10. acabar ≠ _____

6. Complete as frases com os verbos.

1. - A que horas é que tu _____ (querer) ir ao cinema?
   - Só _____ (poder) ir depois das seis horas.

2. Hoje, a Luísa _____ (vir) cá a casa.

3. À noite, eles _____ (ver) sempre o noticiário e depois _____ (ler) o jornal.

4. - Vocês _____ (saber) a que horas começa o telejornal?
   - Não, não _____ (saber).

5. - Preferes café ou chá?
   - _____ chá.

6. - Quando é que vocês nos _____ (vir) visitar?
   - _____ (ir) no domingo.

7. A minha mãe nunca _____ (ver) este programa. Eu também _____ (preferir) o outro.

8. Eu nunca _____ (saber) quando o meu pai tem férias.

7. Esta é a agenda da Leonor para a próxima semana.

MAIO

5 Segunda-feira
Reunião com clientes do Norte

6 Terça-feira
Preparar recepção

7 Quarta-feira
Concerto no Coliseu

8 Quinta-feira
Falar com o advogado

MAIO

9 Sexta-feira
Visitar fábrica com representantes estrangeiros

10 Sábado
Correr no parque
Cinema com João

11 Domingo
Almoço com pais
Visitar avós

O que é que ela vai fazer?

Na segunda- feira ela vai ter uma reunião com os clientes do Norte.

Na terça-feira _____

Na quarta-feira _____

Na quinta-feira _____

Na sexta-feira _____

No sábado _____

No domingo _____

8. Esta é a <u>sua</u> agenda para a próxima semana.

1. Complete esta página de uma agenda com os seus planos para a próxima semana.
2. Diga o que vai fazer, usando frases completas.
   Pode escrever ou dizer oralmente.

9. Faça perguntas sobre as partes sublinhadas.

1. O Paulo vai convidar ***o Rui.***

   _____ ?

2. Eles vão ver ***um concerto*** no ***próximo fim-de-semana.***

   _____
   _____

3. Eles vão ***de carro.***

   _____

4. O bilhete custa ***20 euros.***

   _____

5. O concerto começa ***às 21:30.***

   _____

6. Ele não vai com eles, ***porque tem de estudar.***

   _____

7. Ela está a estudar em Londres *__há dois meses e meio.__*

_____

10. Em cada grupo há um elemento que não lhe pertence. Qual é o intruso?

ver televisão jogar ténis beber o leite ler um livro	me lhe eu te

sei pode quero posso

ir de carro ir neste avião ir de táxi vir de carro

acordar levantar-se deitar-se trabalhar

há dois livros há dois meses há muito tempo há cinco minutos

sempre nunca aquele às vezes

concerto música filme tocar

ele de para com

sala pastelaria farmácia restaurante

11. Escreva uma carta a um/uma amigo/a que não vê há muito tempo. Conte-lhe como está e como são habitualmente os seus dias.

_____, ____ de _____ de _____

_____

_____
_____
_____
_____
_____
_____
_____
_____
_____
_____
_____
_____
_____

_____

_____

UNidade
5

1. Onde podemos comprar? Coloque as palavras do quadro na loja correspondente.

jornal	comprimidos	sapatos	bifes	casaco	gel de banho	revista
sumo	xarope	frango	loção para o corpo	caneta	bolo
álcool	calças	botas	antibiótico	ténis	caderno
pão	sandes	camisa	costeletas	perfume	algodão

Padaria	**Papelaria**	**Farmácia**	**Pastelaria**

Talho	**Perfumaria**	**Loja de roupa**	**Sapataria**

2. Siga o exemplo e utilize os *pronomes possessivos* adequados.

	-livro	ela	Este livro é **dela**, não é?
1.	-sapatos	tu	
2.	-mala	a senhora	
3.	-raquetas	vocês	
4.	-bola	eu	
5.	-patins	ele	
6.	-toalhas	nós	
7.	-casaco	o senhor	
8.	-sacos	vocês	
9.	-bilhetes	elas	
10.	-sala	nós	

3. Utilize os *possessivos* e os verbos *ser* ou *estar* nas formas correctas, formando frases.

Exemplo:

> eu/sapatos/azul/debaixo da cama
>
> Os meus sapatos azuis **estão** debaixo da cama.

1. eu/calças/castanho/bonito

   _____ .

2. ele/pasta/preto

   _____ .

3. nós/carro/velho

   _____ .

4. vocês/mesa/limpo

   _____ .

5. a senhora/saia/branco/em cima da cadeira

   _____ .

6. eu/amigos portugueses/simpático

   _____ .

7. tu/quarto/claro

   _____ .

8. eu/café/mais quente/do que/tu

   _____ .

9. elas/escritório/grande

   _____ .

10. você/sumo de laranja/pronto

    _____ .

4. Complete o quadro com o vestuário apropriado ao tempo e com as actividades que se podem praticar.

Vestuário	Tempo	Actividades
	Chuva	
	Neve	
	Muito calor	
	Fresco	
	Imenso frio	
	Agradável	

5. Complete as frases seguindo o exemplo:

> - Habitualmente eu almoço neste restaurante.
> - Amanhã vou almoçar com o João.
> - Agora estou a almoçar sozinho. (almoçar)

1. -Eu normalmente não _____ café.
   -Mas hoje à noite _____ uma bica dupla.
   -Agora _____ um galão. **(beber)**

2. -Eles _____ sempre televisão à noite.
   -Amanhã à noite eles _____ um filme no canal 1.
   -Agora eles _____ o telejornal. **(ver)**

3. -Habitualmente tu não _____ chapéu quando estás na praia.
   -Mas amanhã _____ porque o sol está muito quente.
   -Porque é que agora _____ os meus óculos de sol? **(pôr)**

4. -A Ana normalmente _____ o jornal quando chega ao escritório.
   -Amanhã ela _____ o relatório.
   -Agora ela _____ uma revista sobre economia. **(ler)**

5. -Ao fim-de-semana eu raramente _____ até mais tarde.

-Mas amanhã _____ até às 10 horas.

-Agora o meu filho ainda _____. **(dormir)**

6. -Eu _____ sempre música enquanto tomo duche.

-Amanhã _____ música clássica.

-Agora a minha amiga _____ um CD. **(ouvir)**

7. -Às vezes ela _____ mousse de chocolate para a sobremesa.

-Amanhã _____ salada de frutas.

-Agora _____ maçã assada. **(fazer)**.

6. Cada uma destas frases tem um ou dois erros. Encontre os erros e corrija-os.

1. As minhas férias são no Agosto.

_____.

2. A casa dela é mais grande do que a tua.

_____.

3. Em Inverno vesto sempre roupa quente.

_____.

4. Este restaurante está óptimo.

_____.

5. Como tu vais para casa?

_____.

6. Hoje vou para a escola com autocarro.

_____.

7. Este exercício é facilíssimo.

_____.

8. Esta água é mais boa do que aquela.

_____.

9. Os bilhetes estão caríssimo.

_____.

10. De manhã eu me levanto nas 8 horas.

_____.

11. O meu café é muito quente.

_____.

7. Coloque as frases nas caixas correctas.

A - Claro. A que horas é?

B - Queres vir jantar cá a casa no sábado à noite?

C - Oh, não posso. Tenho um encontro nesse dia.

D - Está combinado.

E - Não, porque tenho uma viagem marcada.

F - Queres ir ao Coliseu amanhã?

Convidar	Aceitar	Recusar

8. Podemos dizer *muito caro* ou <u>*caríssimo*</u>.
Complete os espaços com as formas correctas do superlativo.

muito triste → _____

muito bom → _____

muito sujo → _____

muito longe → _____

muito mau → _____

muito difícil → _____

muito grande → _____

muito fácil → _____

muito giro → _____

muito quente → _____

9. Junte as frases com as expressões do quadro.
Faça as alterações necessárias.

porque	quando
enquanto	mas
	e

1. Eu ouço música. Ele lê o jornal.

   _____.

2. Nas próximas férias vou para o Algarve. Também vou a Praga.

   _____.

3. No próximo fim-de-semana vou jogar ténis. O meu marido prefere andar de bicicleta.

   _____.

4. Vou dormir mais cedo. Hoje estou muito cansada.

   _____.

5. Vou ao ginásio. Calço os meus ténis.

   _____.

UNidade

6

"FAÇA EXERCÍCIO!"

1. Complete as frases conjugando os verbos no *Presente do Indicativo* ou no *Imperativo*.

1. - Sr. doutor, _____- me (doer) imenso a cabeça e _____ (dormir) muito mal. _____ (sentir-se) sempre muito cansada e tensa.

   - A senhora _____ (ter) de mudar de ritmo de vida: _____ (comer) a horas certas, não _____ (trabalhar) tanto, _____ (fazer) mais exercício e _____ (tentar) descansar mais. _____ (ter) mais tempo para si própria.

2. - _____ (preencher) este impresso e _____ (assinar) aqui em baixo, por favor.

3. - Por favor, _____-me (dizer) o preço daquela camisola ali.

4. - Não _____ (eu/gostar) muito desta caneta. _____ (preferir) essa verde e amarela.

5. - _____-me (dar) este bolo, por favor.
   - _____-lhe (dar) já. É só um instante.

6. - Onde é que eu _____ (pôr) estes livros?
   - _____ (pôr) aí em cima dessa prateleira.

7. - Quando _____ (pedir) um bolo, o meu marido _____ (ficar) sempre muito irritado comigo, porque o médico _____(dizer) que eu não _____ (poder) comer doces.

2. Complete com: *precisar de, dever* ou *ter de*.

1. Não tenho leite, nem ovos. _____ ir ao supermercado.

2. O director diz que o trabalho _____ estar pronto até às 18:00.

3. - Que chatice! Não tenho na carteira dinheiro suficiente para comprar esta caneta.

   - Mas se _____ dinheiro, eu posso emprestar-te.

4. _____ ter mais cuidado com o que comes. Não _____ comer comidas tão gordas, nem _____ beber bebidas alcoólicas.

5. Para abrir uma conta à ordem, o senhor _____ trazer o seu bilhete de identidade.

6. Sr. Antunes, _____ mais alguma coisa?

7. - De quem são estas fotografias?

   - _____ ser do António.

8. - Ah! É verdade! _____-te 8 euros do almoço de ontem.

3. **Forme palavras relacionadas com o <u>corpo humano</u>.**

P __ R __ __

C __ B __ __ __

B __ __ __ __

O __ __ L __ __

D __ __ __

B __ __ __

M __ __

C __ S __ __ __

Q __ __ __ X __

__ __ __ __ Z

P __

__ __ H __

B __ __ __ __ G __

C __ __ __

4. **Complete com as *preposições* adequadas.**

1. Amanhã _____ manhã vou sair _____ casa um pouco mais tarde, porque tenho _____ ir _____ o banco _____ levantar este cheque.

2. Hoje _____ noite tenho _____ ir _____ casa _____ autocarro. Normalmente vou _____ o Mário _____ o carro dele, mas ele hoje não vem trabalhar _____ estar com uma enorme gripe.

3. _____ mim, esse ministro é excelente.

4. Vens _____ pé ou _____ metro?

5. _____ a próxima semana os meus pais vêm jantar um dia _____ a minha casa. Eles vão estar _____ Lisboa _____ alguns dias, mas vão ficar _____ a casa _____ a minha irmã. _____ o domingo _____ manhã vamos todos _____ o Jardim Zoológico _____ as crianças e _____ almoço vamos _____ um pequeno restaurante perto _____ Cascais que tem uma comida caseira excelente.

5. Coloque as palavras do quadro nas colunas adequadas.

pai	dentes	louro	simpático	gordo	tímido
colega	sério	azul	nariz	magro	filha	vizinho
moreno	inteligente	vermelho	arrogante	costas	alto
avô	castanho	cabeça	tio	sociável	primo	perna
cinzento	trabalhador	namorado	orelha	sócio

Relações entre as pessoas	Aspecto físico	Carácter	Partes do corpo	Cores

6. Responda às perguntas com a _forma imperativa_ (tu ou vocês), seguindo o exemplo.

Exemplo:

- Fecho a janela?
- **Fecha.** / Não, **não feches.**

1. - Pomos o carro na garagem?

_____ .

2. - Faço um almoço leve?

_____ .

3. - Peço o saldo da conta?

- Não, _____.

4. - Trazemos envelopes?

_____.

5. - Acordo-te mais cedo amanhã?

- Não, _____.

6. - Digo ao pai para vir jantar?

_____.

7. - Lemos o texto agora?

_____.

8. - Vejo as fotografias agora?

- Não, _____.

9. - Durmo nesta cama?

_____.

10. - Comemos este doce?

- Não, _____.

7. **Complete esta receita com os verbos no *Imperativo*.**

Bolo de natas

Ingredientes: *2 pacotes de natas*
2 chávenas de açúcar
2 chávenas de farinha
4 ovos
uma pitada de sal

_____ (misturar) o açúcar com a farinha e com os 2 pacotes de natas._____ (bater) bem com a batedeira eléctrica e _____ (juntar) os ovos. _____ (mexer) tudo muito bem e _____ (bater) tudo novamente com a batedeira. _____ (deitar) numa forma de bolo e _____ (pôr) no forno com uma temperatura média. _____ (deixar) cozer durante cerca de 30 a 40 minutos. _____ (esperar) até não estar muito quente e _____ (tirar) da forma. _____ (comer) ao lanche e _____ (acompanhar) com um chá. Bom apetite!

---

8. Pense numa receita de um doce, de um bolo ou de um prato de carne ou de peixe e escreva-a.

_____
_____
_____
_____
_____
_____
_____
_____
_____
_____
_____
_____
_____
_____
_____
_____
_____

9. Siga o exemplo e utilize os demonstrativos: _este, esta, estes, estas, esse, essa, esses, essas, aquele, aquela, aqueles, aquelas._

Exemplo:

-De quem é **este** jornal?
- **Esse** jornal é meu.

1. - Dás-me essa revista?
   - _____ ? Toma.

2. - Aquela senhora é a tua mãe?
   - _____ ? Não. É a minha tia.

3. - Quanto custam estes brincos ?
   - _____ custam só 12,50 euros, minha senhora.

4. - Aquelas empadas são boas?
   - Sim,_____ são as melhores.

5. - Esse doce é de quê?
   - _____ ? É de pêssego.

10. <u>Dedução lógica</u>. **Complete o quadro com as informações que estão em baixo.**

. O Alberto é muito tímido.
. O engenheiro tem 34 anos.
. O moreno é 2 anos mais novo que o Nuno.
. O Mário é muito trabalhador e sério.
. O Alberto é fotógrafo.
. O professor é muito sociável e divertido.
. O engenheiro é ruivo.

. O engenheiro chama-se Mário.
. O Nuno tem menos 3 anos que o Mário.
. O professor é louro e adora praticar desporto.
. O fotógrafo gosta muito de ler.
. O Mário trata do jardim ao fim-de-semana.

NOME			
IDADE			
PROFISSÃO			
CABELO			
CARÁCTER			
PASSATEMPO			

11. Junte A + B.

A   **B**

tomar	exercício
apanhar	o impresso
tirar	o autocarro
fazer	análises
apresentar	um amigo
pintar	uma conta
escrever	uma carta
abrir	uma encomenda
levantar	uma cerveja
mandar	dinheiro
preencher	um quadro

1. _____
2. _____
3. _____
4. _____
5. _____
6. _____
7. _____
8. _____
9. _____
10. _____
11. _____

Unidade
7

1. Repare nas frases.

> Um amigo meu inglês vem passar uns dias <u>comigo</u>.
> Queres vir <u>connosco</u>?

e

> Vocês têm de ir sem <u>mim</u>.

Responda às perguntas com a *preposição* e os *pronomes* adequados, como nos exemplos.

> -Com quem é que vai trabalhar? (o senhor)
> **-Consigo.**
>
> -Para quem é aquela carta? (você)
> -Para **si.**

1. Com quem é que vão ao cinema? (tu)

   _____ .

2. Ao lado de quem é que ele fica sentado? (eu)

   _____ .

3. Com quem é que a Sofia fica, enquanto eu vou ao cabeleireiro? (nós)

   _____ .

4. De quem é que estão a falar? (tu)

   _____ .

5. Com quem é que o senhor deseja falar? (os senhores)

   _____ .

6. Com quem é que ele está a falar ao telefone? (o amigo)

   _____ .

7. Para quem é este ramo de flores? (a mãe e a avó)

   _____ .

8. Com quem é que eu faço o trabalho? (eu)

   _____ .

2. Complete as frases com o vocabulário de cada grupo.

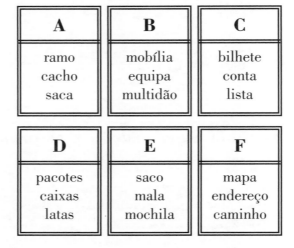

A	B	C
ramo cacho saca	mobília equipa multidão	bilhete conta lista

D	E	F
pacotes caixas latas	saco mala mochila	mapa endereço caminho

A.

1. Quantos quilos tem esta _____ de batatas?

2. Vamos oferecer este _____ de flores à D. Rosa.

3. Pese-me este _____ de bananas, por favor.

B.

4. A nossa _____ vai jogar no Porto no próximo fim-de-semana.

5. Há uma _____ à porta do hotel, à espera de ver o seu actor preferido sair.

6. Este ano vou comprar uma _____ nova para o meu quarto.

C.

7. Teresa, não te esqueças da _____ das compras !

8. Queria a _____, por favor.

9. Guarda o meu _____ do concerto na tua carteira, se fazes favor.

D.

10. Quantas _____ de coca-cola levamos?

11. Queria aquelas duas _____ de chocolates, por favor.

12. Quantos _____ de leite deseja?

E.

13. Amanhã parto para Madrid muito cedo. Tenho de fazer a _____ ainda hoje.

14. Agarra no _____ das compras, enquanto eu pago.

15. Põe a _____ às costas e vamos.

F.

16. Desculpe, podia dizer-me qual é o _____ para o centro da cidade?

17. Tens o _____ da tua prima aí?

18. Já estamos perdidos. Empresta-me o teu _____.

3. Responda às perguntas, usando os *pronomes de complemento indirecto*, como no exemplo.

> -Dás-<u>me</u> um cigarro?
> **-Dou-te.**

1. Dizes-<u>me</u> as horas?

   ————————————————————— .

2. Telefonas <u>aos teus amigos</u>?

   ————————————————————— .

3. Trazes-<u>me</u> uma coca-cola?

   ————————————————————— .

4. Pedes as informações <u>ao polícia</u>?

   ————————————————————— .

5. Perguntas o caminho <u>àquele senhor</u>?

   ————————————————————— .

6. Pões-<u>me</u> água no copo?

   ————————————————————— .

7. Fazes-<u>me</u> um favor?

   ————————————————————— .

8. No Natal ofereces sempre um frasco de perfume <u>à tua mãe?</u>

   ————————————————————— .

4. Onde é que podemos ler ou ouvir estas frases com a *forma imperativa?*

1. Leiam o livro até à pág. 20, por favor.	a. No jardim.
2. Lave à mão.	b. Na máquina Multibanco.
3. Apertem os cintos.	c. Na escola.
4. Retire o dinheiro.	d. Na publicidade.
5. Insira as moedas.	e. Numa sala de espera.
6. Tome este medicamento.	f. Num avião.
7. Não pise a relva.	g. No parquímetro.
8. Traga-me outro galão, por favor.	h. No consultório.
9. Não espere mais. Visite-nos hoje mesmo e conheça as nossas condições.	i. Na pastelaria.
10. Tire uma senha e sente-se, por favor.	j. Numa etiqueta.

5. Olhe para os sinais e complete as frases com a _forma imperativa_. Use os verbos: _passar, lavar, entrar, deitar, fumar e estacionar._

1

Não_____!

2

Não _____ lixo para o chão!

3

Não _____ na máquina!

4

Não_____!

5

Não _____ a ferro!

6

Não _____ em frente ao portão!

EM FRENTE AO PORTÃO

6. Use a _forma imperativa_ para **tu** (**afirmativa** e **negativa**).

1. Fazer a cama.

   _____!
   _____!

2. Trazer-me os óculos.

   _____!
   _____!

3. Lavar o casaco na máquina.

   _____!
   _____!

4. Pôr o lume mais alto.

   _____!
   _____!

5. Ler esta revista.

_____!
_____!

6. Ver esse documentário.

_____!
_____!

7. Dar a roupa que não te serve.

_____
_____!

8. Levantar a mesa.

_____!
_____!

7. **Complete com os *pronomes indefinidos* variáveis (*algum, nenhum, todo, outro, muito, pouco*) ou invariáveis (*alguém, ninguém, tudo, nada*).**

1. - Conheces _____ professor de grego?
 - Não, não conheço_____.

2. Já tens _____ dentro do porta-bagagens?

3. Com os teus óculos não consigo ver _____.

4. Tens de beber o leite _____!

5. - Ainda está _____ na agência?
 - Não, a esta hora já não está lá _____.

6. Tenho _____ amigos estrangeiros, porque trabalho numa escola de línguas.

7. Preciso de comprar café, porque já tenho _____.

8. Esta camisa é muito grande. Não tem _____ mais pequena?

9. Não tenho _____ livro desse autor.

10. _____ os clientes gostam deste restaurante. Tem uma excelente comida caseira.

UNidade
8

1. Siga o exemplo:

> **(estudar)**
> Agora **estou a estudar** inglês.
> **Estudo** inglês todos os dias.
> Ontem **estudei** inglês de manhã.
> Mas amanhã só **vou estudar** inglês à noite.

(brincar)

1. São 10:00 e eles _____ no quarto.

   Depois do almoço eles _____ sempre lá fora.

   Ontem _____ com os primos.

   No próximo sábado _____ na quinta dos avós.

(tocar)

2. Agora eu _____ piano.

   _____ todos os dias durante uma hora.

   Ontem _____ para os meus pais.

   Amanhã _____ na escola para todos os meus colegas.

(vestir-se)

3. Espera! Nós _____ para a peça de teatro.

   Normalmente nós não _____ tão tarde.

   Ontem _____ mais cedo.

   Mas amanhã _____ ainda mais cedo.

(ler)

4. Ela _____ um livro de banda desenhada.

   Ela _____ sempre um pouco antes de dormir.

   Ontem _____ uma revista para crianças.

   Amanhã à noite _____ o livro que lhe ofereceste.

(ser)

5. A empregada _____ muito antipática com aqueles clientes.

   Normalmente ela _____ mais simpática.

   Mas hoje de manhã _____ muito simpática connosco.

   Amanhã tenho a certeza que ela também _____ simpática connosco.

(ter)

6. A esta hora a Cláudia _____ um exame de História.

   Habitualmente ela _____ boas notas nos exames.

   Ontem _____ exame de Geografia.

   E amanhã _____ um de Matemática.

2. Complete o quadro com os verbos no *Pretérito perfeito simples (P.P.S.).*

Presente Indicativo	P.P.S.
estou	
somos	
vou	
tem	
leio	
perco	
vão	
és	
está	
peço	
temos	
vai	
corres	
visto	
apanhamos	
abrem	
ouço	
compra	

3. Construa frases com os verbos no tempo correcto.

1. Ontem / (eu) estar / casa / avós.

   _____ .

2. Ao fim-de-semana / (nós) ir / compras.

   _____ .

3. Às vezes / (ela) fazer / jantar especial.

   _____ .

4. Na próxima semana / (eles) ter / reunião / clientes estrangeiros.

   _____ .

5. Neste momento / (ele) atender / um cliente do norte.

   _____ .

6. Há quinze dias / (nós) ter / amigos / inglês /casa.

   _____ .

4. Junte A + B.

A	B
apanhar	uma reunião
tomar	o chão
atravessar	sol
aspirar	o pó
limpar	os filhos
acordar	banho
ter	a ponte

5. Esta foi a agenda da Joana na semana passada:

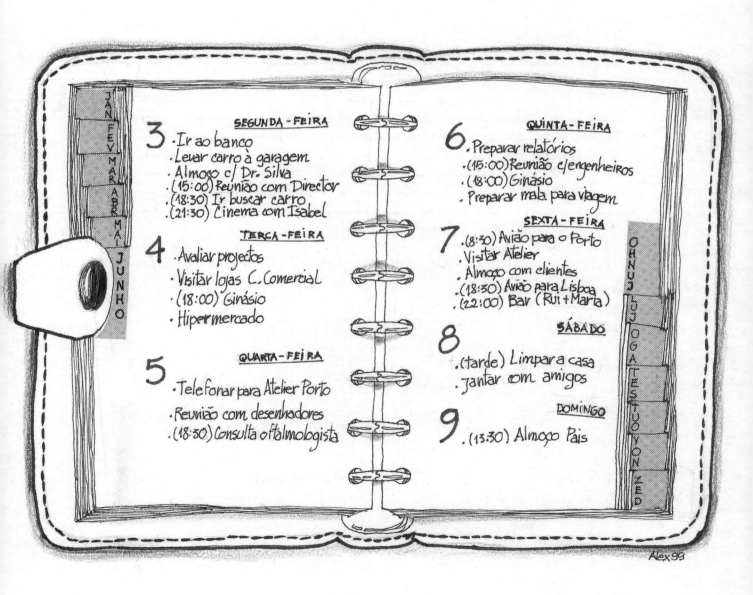

Escreva o que ela fez na semana passada.

Na segunda-feira, a Joana _____

_____

_____

Na terça-feira, _____

_____

_____

Na quarta-feira, _____

_____

_____

Na quinta-feira, _____

_____

_____

Na sexta-feira, _____

_____

_____

_____

No sábado, _____

_____

_____

No domingo, _____

_____

_____

6. **E você? O que fez na semana passada? Como foi a sua agenda da semana passada?**

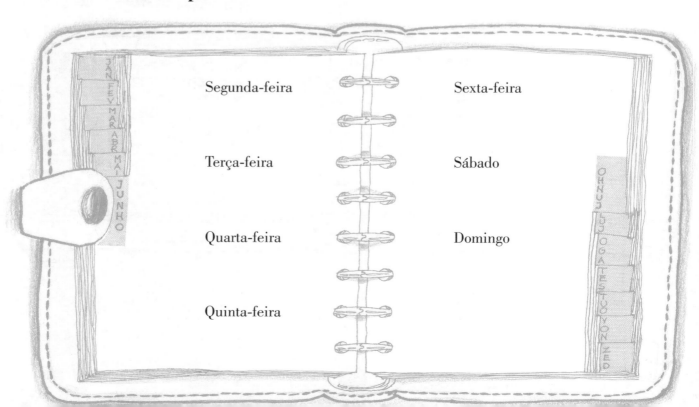

7. Faça frases com os verbos no *P.P.S.*

Na semana passada _____

_____

_____

_____

_____

_____

_____

_____

8. Complete o quadro e faça uma frase com cada uma das novas palavras.

Substantivo	Adjectivo	
o calor		
o frio		
o interesse		
	tradicional	
a limpeza		
a cor		
a elegância		
	corajoso	
a justiça		

9. Faça perguntas para as seguintes respostas.

1. _____?
   Fomos às compras.

2. _____ praia?
   Não fui, porque tive de trabalhar até mais tarde.

3. _____ do passeio?
   Gostei imenso.

4. _____ a aula?
   Começa às 9:00 em ponto.

5. _____ ao teatro?
   Vou com o meu amigo inglês.

6. _____?
   Mandámos a carta para a Joana.

10. a) Qual é o intruso? Em cada grupo há uma palavra que não lhe pertence. Qual é?

b) Depois de descobrir o intruso, coloque os seguintes títulos no grupo adequado: *legumes, espectáculos, praia, tourada, campo, casa.*

mar areia móvel toalha	cenoura forcado alface cebola	bandarilha cavaleiro teatro touro
chapéu-de-sol árvore flor relva	cama frigorífico sofá tomate	tourada concerto planta bailado

UNidade
9

1. Siga o exemplo:

> - Já contaste à Luísa o que aconteceu?
> - *Acabei de* lhe contar.
> *ou*
> - Ainda não, mas *vou contar-lhe*.

1. - Já deram os presentes <u>aos avós?</u>

   - (nós) _____.

2. - Os professores já <u>vos</u> disseram as notas?

   - _____.

3. - Já enviou o cartão <u>para a Margarida?</u>

   - Ainda não, mas _____.

4. - Vocês já telefonaram <u>aos pais do Miguel?</u>

   - Ainda não, mas _____.

5. - Ela já <u>te</u> trouxe os cartões de Natal?

   - _____.

2. Complete o quadro:

	P.P.S.	
eu	*você*	*vocês*
trouxe		
	fez	
vim		
		viram
pus		
	deu	
		disseram
	foi	
tive		
	leu	

3. Complete as frases com os verbos no *Presente* e no *P.P.S.* como no exemplo.

Exemplo:

> Normalmente **vou** a este café, mas ontem **fui** a outro. (**ir**)

1. Hoje _____ uma festa de anos, mas ontem _____ uma festa de despedida de solteiro. (**ter**)

2. Agora ele _____ a comer um bolo, mas antes _____ a comer uma sandes de fiambre. (**estar**)

3. (nós) _____ sempre as notícias no canal 1, mas ontem _____ as notícias do canal 3. (**ver**)

4. Habitualmente, a Cristina _____ a festa de anos em casa, mas no ano passado _____ a festa num restaurante muito bom. (**fazer**)

5. Às vezes ele _____ aos primos para passarem o Natal connosco, mas no ano passado não lhes _____ . (**dizer**)

6. Normalmente, (eu) não_____ muitas pessoas para os meus anos, mas no ano passado _____ mais de vinte pessoas. (**convidar**)

7. Este ano não lhe _____ nada pelos anos, porque no ano passado _____-lhe um presente e ela não me agradeceu. (**dar**)

8. Às vezes (eu) _____ compreender o que eles dizem, mas ontem não _____ compreender nada. (**conseguir**)

4. *Vocabulário*

Como se chama?

1. Um objecto que usamos quando comemos e que serve para cortar? _____

2. O filho do tio? _____

3. O tecido com que cobrimos a mesa antes de pôr a loiça? _____

4. O objecto que usamos para beber água ou vinho? _____

5. O objecto que usamos para comer a sopa? _____

6. O objecto que usamos para beber o café? _____

7. A pessoa que nos serve num restaurante? _____

8. O que usamos para limpar a boca quando comemos? _____

9. O peixe que os portugueses tradicionalmente comem na noite de Natal? _____

10. O objecto com que escrevemos os cartões de Natal? _____

5. Um amigo ou uma amiga sua vai fazer anos. Escreva-lhe um cartão de parabéns.

6. É Natal! Envie um cartão de Boas Festas para um amigo ou amiga que vive em Portugal.

7. Complete as frases com <u>tão</u> ou <u>tanto</u>.

1. Ontem comi _____ , que fiquei mal-disposta.

2. Os portugueses falam _____ depressa, que não consigo compreender tudo o que dizem.

3. Não bebas _____ coca-cola, que te faz mal.

4. Já viste estas calças _____ giras? Vou perguntar o preço.

5. Ele convidou _____ pessoas, que tiveram de ir pedir cadeiras ao vizinho.

6. É pena este carro ser _____ caro.

7. Ontem cheguei a casa _____ cansada, que me fui logo deitar.

8. Não deves trabalhar _____!

9. Escreveste uma carta _____ longa!

10. Tu falas _____ bem inglês como francês.

8. Verbos + Preposições

Complete as frases com a *preposição* adequada.

1. A Cristina **gosta** muito _____ cozinhar e já **começou** _____ preparar o lanche para o aniversário do filho.

2. Os tios do André **moram** _____ o Porto e **telefonaram** _____ a casa dele para lhe dar os parabéns.

3. Todos os amigos do André **chegaram** _____ a festa a horas.

4. A Cristina **precisou** _____ ir encomendar o bolo à pastelaria.

5. A Inês não **se esqueceu** _____ comprar um presente para o irmão.

6. Os amigos estão a **conversar** _____ as prendas que o André recebeu.

7. O André **interessa-se** _____ jogos de computador.

8. Os amigos do André **estão a olhar** _____ a bicicleta do amigo.

9. A tia Guida também se **lembrou** _____ o aniversário do André.

10. O André **sonhou** _____ a sua festa de anos.

11. À noite, a família **saiu** _____ casa para ir jantar fora.

12. Os miúdos só **entraram** _____ a sala quando tudo ficou pronto.

9. Encontre os <u>sinónimos</u> e junte-os.

miúdos	enviar
acabar	alegre
prenda	zangado
mandar	celebrar
contente	terminar
oferecer	arranjar
chateado	decorar
enfeitar	crianças
festejar	presente
preparar	dar

10. Agora escreva uma frase com cada par de sinónimos, seguindo o exemplo.

1. Os ***miúdos / as crianças*** estão a brincar lá fora.

2. _____ .

3. _____ .

4 _____ .

5. _____ .

6. _____ .

7. _____ .

8. _____ .

9. _____ .

10. _____ .

UNidade

10

1. **Substitua a parte sublinhada pelo** *pronome pessoal de* *complemento* **adequado.**

Exemplo:

> -Eu pedi um café <u>à empregada.</u>
> -Eu pedi-<u>lhe</u> um café.

1. O empregado do hotel levou <u>as malas</u> para o quarto.

   _____ .

2. Também convidaste <u>os teus primos</u>?

   _____ ?

3. Quem é que disse isso <u>ao Carlos e à Ana</u>?

   _____ ?

4. Já pagaste <u>a conta</u>?

   _____ ?

5. Os teus pais telefonaram <u>para ti</u>, enquanto foste ao cinema.

   _____ .

6. Não, não vi <u>os teus óculos</u>.

   _____ .

7. O que é que vocês trouxeram <u>para mim</u>?

   _____ ?

8. Vou mandar um postal <u>para os meus amigos</u>.

   _____ .

9. Não vistas <u>esse casaco</u>!

   _____ !

10. Comprou essas camisolas <u>para nós</u>?

    _____ ?

11. Quem é que trouxe este livro <u>para ti</u> ?

    _____ ?

12. Puseste <u>o bolo</u> no frigorífico?

    _____ ?

2. Responda às perguntas, seguindo o exemplo.

Exemplo:

> -Já fizeste <u>a cama</u>?
> -Já, já <u>a fiz</u>.
> ***ou***
> -Não, ainda não <u>a fiz</u>.

1. Já viste <u>esse filme</u>?
   Já, _____?

2. Já puseram <u>os guardanapos</u> na mesa?
   Não, _____?

3. Já fizeram <u>as malas</u>?
   Já, _____?

4. Eles já <u>te</u> mandaram o dinheiro?
   Não, _____?

5. Vocês já compraram <u>os bilhetes</u>?
   Já, _____?

6. Ela já leu <u>este artigo</u>?
   Já, _____?

7. Já entregaste a carta <u>à Marta</u>?
   Não, _____?

8. Já telefonaram <u>aos pais</u>?
   Já, _____?

9. Já fizeram <u>a lista das compras</u>?
   Já, _____?

10. Já fechaste <u>as janelas todas</u>?
    Não, _____?

3. Complete as frases com os verbos: *haver, poder, querer e saber* no *P.P.S.*

1. Ontem eu _____ ir ao cinema com eles, porque não tive aulas à tarde.

2. Quando é que vocês _____ do acidente?

3. Cheguei mais tarde, porque _____ um atraso dos comboios.

4. Não, é claro que eu não _____ estacionar aqui, porque é proibido.

5. - Quem é que _____ ir ao congresso?
   - Quiseram todos.

6. Ele _____ entrar, porque o porteiro o deixou, mas eu não _____.

7. O que é que tu _____ ontem para o jantar?

8. - Você _____ trazer o carro do seu amigo?
   - Pude.

4. Complete as frases com as preposições: *para, por, a, de, em.*

1. _____ a sexta-feira passada fomos _____ o cinema.

2. _____ o fim-de-semana jogamos sempre ténis _____ este clube.

3. Amanhã vou _____ férias _____ a Turquia. Vou _____ avião e fico lá _____ duas semanas.

4. Escrevi esta carta _____ uma amiga e agora vou _____ os correios _____ comprar um selo.

5. O comboio _____ o Porto parte _____ as 15:00 _____ ponto.

6. -Vais _____ autocarro ou _____ metro?
   -Vou _____ o carro do meu pai.

7. Ela adora estar deitada _____ o sol quando está _____ a praia.

8. _____ as férias _____ Natal vou ficar _____ casa.

9. Você comprou este fato de banho _____ tanto dinheiro só _____ ir um dia _____ a praia ?

10. Ela aceitou trabalhar _____ a Hungria _____ dois anos _____ gostar tanto _____ o projecto.

5. Complete o quadro com a palavra ou expressão <u>contrária</u> e escreva uma frase com ela.

a partida	≠	
fechado	≠	
secar	≠	
levantar a mesa	≠	
enviar	≠	
recusar	≠	
sair	≠	
subir	≠	
ignorar	≠	

6. Junte A + B e faça uma frase no *P.P.S.*

A	B
fazer	*um amigo*
convidar	*uma árvore*
passar	*sol*
escrever	*uma viagem*
plantar	*fotografias*
tirar	*um filme*
apanhar	*uma carta*
ver	*férias*

1. _____.

2. _____.

3. _____.

4. _____.

5. _____.

6. _____.

7. _____.

8. _____.

7. Uma carta

Escreva uma carta a um/a amigo/a ou familiar e conte-lhe o que fez nas últimas férias.

_____

_____

_____

_____

_____

_____

_____

_____

_____

_____

_____

_____

_____

_____

_____

_____

_____

_____

_____

_____

_____

_____

_____

_____

_____

UNidade
11

1. Junte as frases com os pronomes relativos *que* e *onde*.
Faça as alterações necessárias.

Exemplo:

> Aquela enfermeira tem cabelo louro. Ela tratou do meu irmão.
> A enfermeira, **que** tem cabelo louro, tratou do meu irmão.

1. Eu passei férias numa praia. Essa praia é muito bonita.

   _____ .

2. O homem está sentado à porta do café. Ele é o meu tio.

   _____ .

3. Tu estás a ler um livro. Esse livro é o meu preferido.

   _____ .

4. Eles fizeram a festa de casamento num hotel. O hotel tem um restaurante excelente.

   _____ .

5. A escola é muito boa. Nós andamos nessa escola.

   _____ .

6. O lápis escreve muito bem. Comprei o lápis.

   _____ .

7. A empresa é muito grande. Ela trabalha nesta empresa.

   _____ .

8. Tenho de apanhar o autocarro. O autocarro vai para o Rossio.

   _____ .

9. Eu escrevi uma carta. A carta é para a minha mãe.

   _____ .

10. A rua é muito perigosa. Ela teve o acidente nesta rua.

   _____ .

2. Escreva de novo a frase, utilizando a partícula <u>se</u>.
Siga o exemplo.

Exemplo:

> 1. Venderam logo a casa.
>   *ou*
>   *Vendeu-**se*** logo a casa.
>
> 2. Venderam as casas todas.
>   *ou*
>   *Venderam-**se*** as casas todas.

1. Apanham a fruta de manhã cedo.

   _____ .

2. Apanham o peixe com esta rede.

_____ .

3. Limpam as ruas com estes carros.

_____ .

4. Em Portugal as pessoas comem sardinhas assadas no Verão.

_____ .

5. Reparamos bicicletas.

_____ .

6. Distribuímos os presentes pelas crianças.

_____ .

7. Os portugueses gastam muito dinheiro no Natal.

_____ .

8. Prevêem bom tempo para o fim-de-semana.

_____ .

9. Precisamos de um governo melhor.

_____ .

10. Os portugueses comem muitos doces.

_____ .

3. **Volte a escrever as frases usando as expressões:** *costumar +*
Infinitivo **ou** *andar a + Infinitivo*.
Faça as alterações necessárias, mas não mude o sentido da
frase.

1. Eu faço sempre um bolo de chocolate ao fim-de-semana.

_____ .

2. Nós vimos sempre cedo da praia.

_____ .

3. Estudamos português há muito tempo.

_____ .

4. Comecei a fazer esta tradução em Junho e ainda não acabei.

_____ .

5. Normalmente vês este programa?

_____ .

6. Estou a fazer um curso de informática desde Janeiro.

_____ .

7. Os portugueses comem sempre pão ao pequeno-almoço?

_____ .

8. Estou a fazer dieta desde o mês passado.

_____ .

4. Complete o quadro e faça uma frase com a nova palavra.

Substantivo	Adjectivo	Frase
a profissão		
	experiente	
sociedade		
o dia		
o conhecimento		
	importante	
o interesse		
	paciente	
utilidade		
	responsável	

5. Junte A + B.

A	B
fazer	uma língua
ter	de emprego
falar	uma entrevista
responder	o telemóvel
mudar	a um anúncio
usar	experiência

6. Transforme os adjectivos em *advérbios* de modo, terminados em –mente.

rápido	
frequente	
paciente	
fácil	
lento	
imediato	
sincero	
verdadeiro	
sério	

7. Substitua as partes sublinhadas pelo *pronome pessoal* apropriado.

1. Leiam <u>o texto!</u>

   _____ .

2. Traz <u>as fotografias!</u>

   _____ .

3. Ponham <u>os currículos</u> em cima da minha secretária!

   _____ .

4. Vejam <u>estes anúncios!</u>

   _____ .

5. Diz <u>isso</u> ao director!

   _____ .

6. Escrevam <u>os vossos nomes!</u>

   _____ .

7. Faz <u>a reportagem!</u>

   _____ .

8. Preencham <u>os formulários!</u>

   _____ .

8. Responda às perguntas com o *verbo* e o *pronome pessoal* na forma correcta.

Exemplo:

> - Trouxeram os **bilhetes**?
> - Trouxemo-**los**.

1. Eles leram **este artigo**?

   _____ .

2. Fizeste **a investigação**?

   _____ .

3. Puseste **a carta** no correio?

   _____ .

4. Viram o **António**?

(Nós) _____ .

5. Encontraram **os vossos amigos**?

(Nós) _____ .

6. Ouviram **o Presidente**?

(Nós) _____ .

7. Enviaram **o fax**?

(Nós) _____ .

8. Ele fez **o telefonema**?

_____ .

9. Complete o texto com as *preposições* que faltam e com os verbos no *P.P.S.*

Ontem _____ (ser) o meu primeiro dia de trabalho. _____ (acabar) o

curso de Arquitectura e _____ (ter) sorte, porque _____ (arranjar) logo

trabalho num atelier em Lisboa. _____ (sair) _____ casa às 8 horas e

_____ (chegar) _____o atelier antes da hora, às 8:45. Os meus colegas

_____ (ser) muito simpáticos comigo e _____ -me (ajudar) imenso. O

arquitecto Santos também me _____ (fazer) sentir confiante e tranquila. Como

_____ (ser) o primeiro dia, não _____ (trabalhar) muito, mas

_____ (aprender) imenso. Ao almoço _____ (ir) todos almoçar

_____ um restaurante perto do atelier. Acho que vou trabalhar _____ projectos muito

giros, mas _____os primeiros tempos tenho muito _____ aprender. À tarde

_____ (ir) visitar uma obra onde estão a trabalhar e o arquitecto _____-me

(falar) muito sobre este projecto. _____ (chegar) a casa às 20 horas, cansada, mas contente.

Depois do jantar, ainda _____ (estar) a ler algumas coisas importantes para o trabalho

e só me _____ (deitar) à meia-noite. _____ (dormir) muito bem e

_____ (sonhar) _____ o atelier e _____ os meus colegas.

UNidade
12

1. A Clara, que tem 12 anos, está a fazer perguntas à avó sobre a sua vida. Que perguntas é que ela fez para estas respostas da avó?

- _____?
- Vivia em Serpa, no Alentejo.

- _____?
- O meu pai tabalhava nos correios.

- _____?
- A minha mãe era dona de casa.

- _____?
- Tinha três irmãos.

- _____?
- Não, nós não íamos para o Algave nas férias. Ficávamos em Serpa.

- _____?
- Depois da escola, brincávamos na rua, ajudávamos a nossa mãe em casa e fazíamos desenhos.

- _____?
- Conheci o teu avô quando vim passar uma semana a Lisboa com os meus pais e os meus irmãos.

- _____?
- Casámo-nos em 1946.

- _____?
- Nessa época a vida era muito difícil.

- _____?
- Não, eu nunca tive uma profissão. Fui sempre dona de casa.

2. Complete o quadro com as formas verbais.

Presente	P.P.S.	Imperfeito
trago		
		fazia
	vi	
venho		
		punha
		era
	estive	
leio		
		dizia
vou		

3. Complete o quadro com os <u>antónimos</u> e faça uma frase com as novas palavras.

levou ≠	
vinha ≠	
dá ≠	
comprava ≠	
vestiu ≠	
sai ≠	
sentou-se ≠	
subia ≠	
ensina ≠	

4. Complete o quadro como no exemplo.

Substantivo	Presente	P.P.S.
o nascimento	Uma criança **nasce**.	nasceu
	Eles **encontram-se**.	
	Muitas pessoas **divorciam-se**.	
	Os peixes **morrem**.	
	Os jovens **apaixonam-se**.	
	Os meus amigos **casam-se**.	
	Eles **vivem** no Norte.	
	Ela **trabalha** numa empresa.	

5. Agora, com os verbos do quadro anterior, invente uma história no passado e escreva-a.

Não se esqueça que tem de utilizar os seguintes verbos:

| nascer | encontrar-se | divorciar-se | morrer | apaixonar-se | casar-se | viver | trabalhar |

6. **Construa frases conjugando os verbos no tempo correcto.**

1 Ontem / ela / vir / carro / escritório.

_____ .

2 Quando / (nós) ser / crianças / vir / pé / escola.

_____ .

3 Próxima semana / eles / ver / esse / filme / com / nós.

_____ .

4 Neste momento / filhos / dela / brincar / parque.

_____ .

5 Noite / (eu) ler / sempre / jornal.

_____ .

6 Sábado passado / (nós) ir / teatro / mas / não gostar / peça.

_____ .

7 Antigamente / não haver / tanto barulho / rua.

_____ .

8 Hoje / manhã / (eu) pôr / carro / garagem / empresa.

_____ .

9 Eles / vir / visitar / avós / todos / domingos.

_____ .

10 Ano passado / nós / ir / sempre / àquele restaurante.

_____ .

UNIDADE 1

1.

a	o
as	a
o	a
os	o
o	os

2.

de; da; do; dos; das; da/de; do

3.

no; em; nos; nas; na; na/em; no

4.

1. ....está/estás?
.... obrigado.
2. ....
Muito ....
3. ....
..........do...........................
4. ....tarde. Chamo..........
.................prazer.

5.

1. espanhol
2. alemã
3. inglesa
4. italianos
5. brasileiro
6. japonesa
7. belga
8. portugueses
9. holandês
10. suíças

6.

A. -Olá. Como estás?
   -Estou bem, obrigada. E tu?
   -Estou bem obrigado.
B. - Boa viagem para casa.
   - Obrigada, até amanhã.
   - Até amanhã, Rita.
C. - Este é o Miguel.
   - Muito prazer. Eu sou o António.
   - Muito prazer, António. Como está?
D. - Boa tarde. Como estão?
   - Estamos bem. E você?
   - Bem, obrigado.

7.

3	1
13	5
6	7
16	12
10	9
0	14
2	18
17	8
4	15
19	20

8. a)

...... chama .... Brigitte Deutschmann. Mora .... do Sol, nº 5 .... número .... 3121156 ....; ... alemã ....; ...... solteira .... profissão ....

9.

1. j.
2. g.
3. i.
4. b.
5. d.
6. e.
7. c.
8. f.
9. a.
10. h.

10.

1. Chamo
2. Sou
3. é
4. mora
5. é
6. são
7. chama
8. moro
9. fala
10. são
11. És
12. falo
13. Tenho
14. tem
15. somos
16. Tens
17. têm
18. temos

UNIDADE 2

11.

1. Onde é Madrid?
2. Vocês são estudantes ou professores?
3. A Marta é de Paris.
4. De onde é o António?
5. Qual é a profissão da Brigitte?
6. Quem é ele?
7. Como é que você se chama?
8. Ela é casada e tem vinte anos.
9. Este é o meu colega.
10. A Marta é a secretária do Dr. Figueira.
11. Sou estudante de português e sou inglesa.
12. Ela é espanhola mas mora em Portugal.
13. Ele mora em Lisboa e gosta de música.
14. De onde são estes alunos?
15. Os brasileiros também falam português.

12.

1. Não sou secretária e não sou portuguesa.
2. Agora ela não mora em Lisboa.
3. Os filhos do Dr. Soares não falam português.
4. Não sou do Brasil.
5. Eles não falam inglês.
6. Os meus colegas não são muito simpáticos.
7. A professora não é alemã e não é casada.
8. Este não é o meu advogado.

13. (Há mais possibilidades.)

Eu	sou	a secretária do Dr. Soares.
Tu	tens	vinte anos.
Você	mora	no Brasil?
Ela	fala	português e inglês.
Ele	chama-se	Manuel.
Nós	somos	estudantes.
Vocês	são	professores de português.
Eles	têm	dois filhos: o André e a Filipa.

14.

1. São.
2. Não, somos professores.
3. Não, chama-se Sofia.
4. Não, mora em Londres.
5. Sou.
6. Não, tem aulas de inglês.
7. Tenho.
8. Não, temos um dicionário de inglês.

15. (C é variável)

Eu	tenho	duas professoras.
Tu	tens	muitos alunos.
Ela	tem	20 anos.
Nós	temos	muitos amigos.
Vocês	têm	três dicionários.

1.

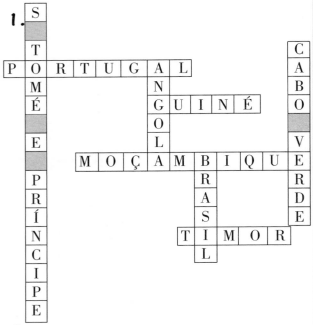

2.

a. professor
b. restaurante
c. quarto
d. farmácia
e. bonito
f. quatro
g. grande
h. largo
i. cozinha
j. sujo

3.

Restaurante		Banco
Supermer-cado	RUA	Correios
Farmácia		Escola
Estação		Cinema

4.

um...	um...
uma...	um...
uma...	um...
uma...	um...
um...	uma...
um...	uma...

5.

1. Quantos anos tens/tem?
2. Onde é que ela mora?
3. De onde é que eles são?
4. Onde fica a escola?
5. Como é a escola?
6. Quem é ele?

6.

1. tem
2. estão
3. é
4. tem
5. está
6. é
7. são
8. têm
9. está
10. é

7.

1. têm
2. ficam
3. moro
4. ficamos
5. há
6. mora
7. está
8. tem
9. é
10. são

8.

1. moramos
2. moras
3. moram
4. mora
5. moro

9.

1. fica
2. ficamos
3. fico
4. ficas
5. ficam

10.

1. compra
2. falo
3. trabalham
4. têm
5. é .....está
6. Há
7. mora
8. fica
9. gosto
10. jogam

11.

1. longe do
2. grande
3. larga
4. em frente da

12.

1. pequena
2. largas
3. bonito.....bonita
4. estreita
5. pequenos

UNIDADE 3

1.

2. ... está a aprender as preposições.
3. ... está a fazer os exercícios.
4. ... está a ler um texto.
5. ... está a ouvir uma cassete.

7. ... está a visitar monumentos.
8. ... está a tomar café na "Brasileira".
9. ... está a falar com pessoas na rua.
10. ... está a passear nas ruas estreitas.

12. ... está a pedir a ementa.
13. ... está a comer bacalhau.
14. ... está a beber um copo de vinho branco.
15. ... está a tomar um café.

2.

1. ... estou a estudar ...
2. ... estamos a jogar ...
3. ... estou a escrever ...
4. ... estou a beber ...
5. ... estão a aprender ...
6. ... estás a falar ...
7. ... estamos a correr ...
8. ... estás a abrir ...

3.

jogo; moras; trabalha; compramos; falam
bebo; aprendes; come; escrevemos; vivem
abro; decides; divide; preferimos; partem

4.

...o; ...as; ...a; ...amos; ...am
...o; ...es; ...e; ...emos; ...em
...o; ...es; ...e; ...imos; ...em

5.

2. Estuda...; Estudam...
3. Tem...; Têm...
4. Está...; Estão...
5. Fala...; Falam...
6. É...; São...
7. Parte...; Partem...
8. Escreve...; Escrevem...
9. Trabalha...; Trabalham...
10. Abre...; Abrem...

6.

1. De manhã levanto-me sempre cedo.
2. Às segundas-feiras eles nunca se deitam tarde.
3. Como é que ele se chama?
4. Ela esquece-se sempre de fechar a porta.
5. Às vezes nós deitamo-nos no sofá da sala.
6. Tu lavas-te com água fria todos os dias?
7. Eu também me lavo com água fria.
8. Vocês sentam-se sempre ao lado do Mário?
9. Eu chamo-me Manuela.
10. Porque é que tu te esqueces dos livros?

7.

Que horas são?
....
(Obrigado.) O que é que estudas?
....
Como te chamas?
....
.... És de Lisboa?
....
Onde é Évora?
....
Como é Évora?
....
Onde é que moras?
....
A tua casa é longe da universidade?
....

8.

1. Ao....
2. De ... às ....

3. Às .....
4. ... à ....
5. Aos ..... à .....
6. ... das ... às ...
7. Ao .... às ....

9.

R	O	U	E	A	A	T	F	U	L	U	T	R
S	U	S	A	B	S	E	X	T	A	S	E	G
A	D	O	M	I	S	R	J	F	E	U	M	N
D	O	U	L	T	T	Ç	A	O	L	E	A	T
S	E	G	U	N	D	A	Q	G	Q	U	I	N
S	A	B	A	D	O	N	U	E	T	X	T	A
E	R	L	E	Q	M	U	I	Q	G	S	A	B
G	F	M	I	U	I	I	Q	U	A	R	T	A
H	G	M	I	E	N	T	N	I	I	T	E	R
I	J	R	Ç	A	G	O	R	N	J	S	S	A
D	M	Ç	A	G	O	R	N	T	O	A	R	O
A	N	A	Q	N	D	F	T	A	E	B	T	A

10.

1. São nove e dez.
2. São dez e meia / trinta.
3. São dez e quarenta. / São vinte para as onze.
4. São onze e quarenta e cinco. / É um quarto para o meio-dia.
5. São onze e cinquenta e cinco. / São cinco para o meio-dia.
6. É meio-dia.
7. É meio-dia e um quarto / quinze.
8. É uma hora. / São treze horas.
9. É uma e vinte e cinco.
10. São seis / dezoito e cinquenta. / São dez para as sete.
11. São dez / vinte e duas e cinco.
12. São oito / vinte e três e vinte.
13. É meia-noite.

11.

Ao almoço ela come uma sopa e uma sandes.
Ao pequeno-almoço eles tomam café com leite.
Ao domingo nós levantamo-nos mais tarde.
Neste momento eu estou a beber uma água com gás.
No sábado nós temos uma festa na casa da Joana.

12.

..........almoçar?
.... mesa ....

.... ementa?

Queria ...... dose ..... arroz.

.... salada?

.... beber?

.... mineral ... gás, ... fresca.

UNIDADE 4

1.

1. .... está a escrever-**lhe** ....
2. .... vai oferecer-**lhes** ....
3. .... vou telefonar-**vos** / **lhes** ....
4. .... explicam-**nos** ....
5. .... **lhes** quer responder ....

2.

1. Escrevo-lhe.
2. Levo-lhe.
3. Compro-vos / lhes.
4. Conto-lhe / te.
5. Responde-lhe.
6. Leio-te / lhe.
7. Digo-vos / lhes.
8. Visto-lhe.
9. Entregamos-lhes.
10. Escrevem-nos.

3.

A	V	T	L	B	O	I	C	A	R	R	O	S	L
T	U	A	I	I	H	V	T	B	I	N	E	O	P
H	P	X	J	C	M	L	D	A	D	Z	B	H	L
C	F	I	Q	I	X	J	R	R	F	O	X	V	I
A	Z	R	M	C	G	N	T	C	L	X	E	I	E
M	F	G	V	L	D	A	E	O	D	H	L	S	V
I	D	B	P	E	L	E	C	T	R	I	C	O	R
O	X	A	U	T	O	C	A	R	R	O	F	A	X
N	H	P	S	A	Z	U	O	P	M	O	T	A	I
E	C	D	F	N	S	A	P	D	P	I	Q	E	S
T	T	M	D	A	V	I	A	O	F	L	A	Z	R
A	I	S	H	F	V	I	R	Z	O	L	N	P	T

4.

1. Não sei.
2. Queria uma sandes de fiambre, por favor.
3. Não posso.
4. São quatro euros.
5. Eu também.
6. Eu prefiro aquela perto da janela.
7. Também acho.
8. Muito obrigado.

5.

2. compra
3. atrás de
4. tarde
5. pequeno
6. caro
7. nunca
8. de manhã
9. bom
10. começar

6.

1. .. queres ...;   ... posso ...
2. ... vem ...
3. ... vêem .... lêem ...
4. ... sabem ...;   ... sabemos ...
5. -Prefiro ....
6. ... vêm ...;   -Vamos ....
7. ... vê ...;   ... prefiro ...
8. ... sei ...

7.

1. Na terça-feira ela vai preparar uma recepção.
2. Na quarta-feira ela vai a um concerto no Coliseu.
3. Na quinta-feira ela vai falar com o advogado.
4. Na sexta-feira ela vai visitar a fábrica com os representantes estrangeiros.
5. No sábado ela vai correr no parque e vai ao cinema com o João.
6. No domingo ela vai almoçar com os pais e vai visitar os avós.

9.

1. Quem é que o Paulo vai convidar?
2. O que é que eles vão ver no próximo fim-de--semana?
   Quando é que eles vão ver um concerto?
3. Como é que eles vão?
4. Quanto é que o bilhete custa?
5. A que horas é que o concerto começa?
6. Porque é que ele não vai com eles?
7. Há quanto tempo é que ela está a estudar em Londres?

10.

beber o leite; eu; pode; ir neste avião; trabalhar; há dois livros; aquele; tocar; ele; sala

UNIDADE 5

1.

Padaria	Papelaria	Farmácia	Pastelaria
pão	jornal revista caneta caderno	comprimidos xarope álcool antibiótico algodão	sumo bolo sandes

Talho	Perfumaria	Loja de roupa	Sapataria
bifes frango costeletas	gel de banho loção para o corpo perfume	casaco calças camisa	sapatos botas ténis

2.

1. Estes sapatos são **teus**, não **são**?
2. Esta mala é **sua**, não **é**?
3. Estas raquetas são **vossas**, não **são**?
4. Esta bola é **minha**, não **é**?
5. Estes patins são **dele**, não **são**?
6. Estas toalhas são **nossas**, não **são**?
7. Este casaco é **seu**, não **é**?
8. Estes sacos são **vossos**, não **são**?
9. Estes bilhetes são **delas**, não **são**?
10. Esta sala é **nossa**, não **é**?

3.

1. As minhas calças castanhas **são** bonitas.
2. A pasta dele **é** preta.
3. O nosso carro **é** velho.
4. A vossa mesa **está** limpa.
5. A sua saia branca **está** em cima da cadeira.
6. Os meus amigos portugueses **são** simpáticos.
7. O teu quarto **é** claro.
8. O meu café **está** mais quente do que o teu.
9. O escritório delas **é** grande.
10. O seu sumo de laranja **está** pronto.

5.

1. ... bebo ...; ... vou beber...; ... estou a beber...
2. ... vêem ...; ... vão ver; ... estão a ver ...
3. ... pões ...; ... vais pôr ...; ... estás a pôr ....
4. ... lê ...; ... vai ler ...; ... está a ler ...
5. ... durmo ...; ... vou dormir ...; ... está a dormir
6. ... ouço / oiço ...; ... vou ouvir...; ... está a ouvir ...
7. ... faz ...; ... vai fazer ...; ... está a fazer ...

6.

1. As minhas férias são **em** Agosto.
2. A casa dela é **maior** do que a tua.
3. **No** Inverno **visto** sempre roupa quente.
4. Este restaurante **é** óptimo.
5. Como **é que** tu vais para casa?
6. Hoje vou para a escola **de** autocarro.
7. Este exercício é **facílimo**.
8. Esta água é **melhor** do que aquela.
9. Os bilhetes **são caríssimos**.
10. De manhã eu **levanto-me às** 8 horas.
11. O meu café **está** muito quente.

7.

Convidar:
    -Queres vir jantar cá a casa no sábado à noite?
    -Queres ir ao Coliseu amanhã?

Aceitar:
    -Claro. A que horas é?
    -Está combinado.

Recusar:
    -Oh, não posso. Tenho um encontro nesse dia.
    -Não, porque tenho uma viagem marcada.

8.

tristíssimo; óptimo; sujíssimo; longíssimo; péssimo; dificílimo; enorme; facílimo; giríssimo; quentíssimo

9.

1. Eu ouço música **enquanto** ele lê o jornal.
2. Nas próximas férias vou para o Algarve **e** também vou a Praga.
3. No próximo fim-de-semana vou jogar ténis, **mas** o meu marido prefere andar de bicicleta.
4. Vou dormir mais cedo, **porque** hoje estou muito cansada.
5. **Quando** vou ao ginásio, calço os meus ténis.

UNIDADE 6

1.

1. ... dói ... durmo ... Sinto-me... tem ... coma ... trabalhe... faça ... tente ... Tenha ...
2. Preencha ... assine ...
3. ... diga ...
4. ... gosto ... Prefiro ...
5. Dê .... Dou ....
6. ... ponho ... Ponha/Põe ...
7. ... peço ... fica ... diz ... posso ...

2.

1. ... Preciso de / Tenho de ...
2. ... tem de ...
3. ... precisas de ...
4. Precisas de / deves...deves
5. ... tem de ...
6. ... precisa de ...
7. Devem ...
8. ... Devo ...

3.

Perna; Cabeça; Braço; Orelha; Dedo; Boca; Mão; Costas;
Queixo; Nariz; Pé; Olho; Barriga; Cara

4.

1. .. de ... de ...de... ao ... para ...
2. ... à ... de ... para ... de ... com ... no ... por ...
3. Para ...
4. ... a ... de ...
5. Na ... à ... em ... por ... na ... da ... No ... de ... ao ... com ... ao ... a ... de ...

5.

Relações entre as pessoas:
   pai; colega; filha; vizinho; avô; tio; primo; namorado; sócio

Aspecto físico:
   louro; gordo; magro; moreno; alto

Carácter:
   simpático; tímido; sério; inteligente; arrogante; sociável; trabalhador

Partes do Corpo:
   dentes; nariz; costas; cabeça; perna; orelha

Cores:
   azul; vermelho; castanho; cinzento

6.

1. Ponham.
2. Faz.
3. ...não peças.
4. Tragam.
5. ... não me acordes.
6. Diz.
7. Leiam.
8. ... não vejas.
9. Dorme.
10. ... não comam.

7.

Misture ...
Bata ... junte ...
Mexa ... bata ...
Deite ...ponha ...
Deixe ...
Espere ... tire ...
Coma ... acompanhe...

9.

1. Esta?
2. Aquela?
3. Esses...
4. ... aquelas ...
5. Este?

10.

NOME	Alberto	Mário	Nuno
IDADE	29	34	31
PROFISSÃO	fotógrafo	engenheiro	professor
CABELO	moreno	ruivo	louro
CARÁCTER	tímido	trabalhador e sério	sociável e divertido
PASSATEMPO	ler	tratar do jardim	praticar desporto

11.

1. tomar uma cerveja
2. apanhar o autocarro
3. tirar análises
4. fazer exercício
5. apresentar um amigo
6. pintar um quadro
7. escrever uma carta
8. abrir uma conta
9. levantar dinheiro
10. mandar uma encomenda
11. preencher o impresso

UNIDADE 7

1.

1. Contigo.
2. (Ao lado) de mim.
3. Connosco.
4. De ti.
5. Convosco.
6. Com ele.
7. Para elas.
8. Comigo.

2.

A. saca; ramo; cacho
B. equipa; multidão; mobília
C. lista; conta; bilhete
D. latas; caixas; pacotes
E. mala; saco; mochila
F. caminho; endereço; mapa

3.

1. Digo-te.
2. Telefono-lhes.
3. Trago-te.
4. Peço-lhe.
5. Pergunto-lhe.
6. Ponho-te.
7. Faço-te.
8. Ofereço-lhe.

4.

1. c.
2. j.
3. f.
4. b.
5. g.
6. h.
7. a.
8. i.
9. d.
10. e.

5.

1. Não fume! 2. Não deite...! 3.Não lave...! 4. Não entre! 5. Não passe ...! 6. Não estacione...!

6.

1. Faz a cama!
   Não faças a cama!
2. Traz-me os óculos!
   Não me tragas os óculos!
3. Lava o casaco na máquina!
   Não laves o casaco na máquina!
4. Põe o lume mais alto!
   Não ponhas o lume mais alto!
5. Lê esta revista!
   Não leias esta revista!
6. Vê este documentário!
   Não vejas este documentário!
7. Dá a roupa que não te serve!
   Não dês a roupa que não te serve!
8. Levanta a mesa!
   Não levantes a mesa!

7.

1. algum; nenhum
2. tudo
3. nada
4. todo
5. alguém; ninguém
6. muitos (alguns)
7. pouco
8. outra
9. nenhum
10. Todos

UNIDADE 8

1.

1. estão a brincar; brincam; brincaram; vão brincar
2. estou a tocar; Toco; toquei; vou tocar
3. estamos a vestir-nos; nos vestimos; vestimo--nos; vamos vestir-nos
4. está a ler; lê; leu; vai ler
5. está a ser; é; foi; vai ser
6. está a ter; tem; teve; vai ter

2.

estive;	fomos;	fui;	teve;
li;	perdi;	foram;	foste;
esteve;	pedi;	tivemos;	foi;
correste;	vesti;	apanhámos;	
abriram;	ouvi;	comprou	

3.

1. Ontem **estive** na casa dos avós.
2. Ao fim-de-semana **vamos** às compras.
3. Às vezes ela **faz** um jantar especial.
4. Na próxima semana **vão ter** uma reunião com os clientes estrangeiros.
5. Neste momento ele **está a atender** um cliente do norte.

6. Há quinze dias **tivemos** amigos ingleses em casa.

4.

apanhar sol
tomar banho
atravessar a ponte
aspirar o chão
limpar o pó
acordar os filhos
ter uma reunião

5.

Na segunda-feira, a Joana foi ao banco. Levou o carro à garagem e almoçou com o Dr. Silva. Às 15 horas teve uma reunião com o Director. Às 18:30 foi buscar o carro e às 21:30 foi ao cinema com a Isabel.

Na terça-feira, a Joana avaliou projectos e visitou as lojas do Centro Comercial. Às 18 horas foi ao ginásio e a seguir foi ao hipermercado.

Na quarta-feira, a Joana telefonou para o atelier do Porto e foi a uma reunião com os desenhadores. Às 18:30 foi a uma consulta no oftalmologista.

Na quinta-feira, a Joana preparou os relatórios e às 15 horas foi a uma reunião com os engenheiros. Às 18:00 foi ao ginásio e a seguir preparou a mala para a viagem.

Na sexta-feira, às 8:30, a Joana apanhou o avião para o Porto. Visitou o atelier e almoçou com os clientes. Às 18:30 apanhou o avião para Lisboa e às 22 horas foi a um bar com o Rui e a Maria.

No sábado à tarde, a Joana limpou a casa e à noite foi jantar com os amigos.

No domingo, a Joana foi almoçar com os pais.

8.

....	quente
....	frio
....	interessante
a tradição	....
....	limpo
....	colorido
....	elegante
a coragem	....
....	justo

9.

1. Aonde foram?
2. Porque é que não foste à praia?
3. Gostaste do passeio ?
4. A que horas (é que) começa a aula ?
5. Com quem (é que) vais ao teatro ?
6. Para quem é que mandaram a carta?

10.

Praia	**Legumes**	**Tourada**
mar	cenoura	bandarilha
areia	**forcado**	cavaleiro
móvel	alface	**teatro**
toalha	cebola	touro

Campo	**Casa**	**Espectáculos**
chapéu-de-sol	cama	tourada
árvore	frigorífico	concerto
flor	sofá	**planta**
relva	**tomate**	bailado

UNIDADE 9

1.

1. Acabámos de lhes dar.
2. Acabaram de nos dizer.
3. Ainda não, mas vou enviar-lhe.
4. Ainda não, mas vamos telefonar-lhes.
5. Acabou de me trazer.

2.

-------	trouxe	trouxeram
fiz	-------	fizeram
-------	veio	vieram
vi	viu	-------
-------	pôs	puseram
dei	-------	deram
disse	disse	---------
fui	-------	foram
-------	teve	tiveram
li	-------	leram

3.

1. tenho; tive
2. está; esteve
3. Vemos; vimos
4. faz; fez

5. diz; disse
6. convido; convidei
7. dou; dei
8. consigo; consegui

4.

1. Faca
2. Primo
3. Toalha
4. Copo
5. Colher
6. Chávena
7. Empregado
8. Guardanapo
9. Bacalhau
10. Caneta

7.

1. tanto
2. tão
3. tanta
4. tão
5. tantas
6. tão
7. tão
8. tanto
9. tão
10. tão

8.

1. de; a
2. no; para
3. à
4. de
5. de
6. sobre
7. por
8. para
9. do
10. com
11. de
12. na

9.

miúdos / crianças
acabar / terminar
prenda / presente
mandar / enviar
contente / alegre
oferecer / dar
chateado / zangado
enfeitar / decorar
festejar / celebrar
preparar / arranjar

UNIDADE 10

1.

1. O empregado do hotel **levou-as** para o quarto.
2. Também **os convidaste**?
3. Quem é que **lhes disse** isso?
4. Já **a pagaste**?
5. Os teus pais **telefonaram-te**, enquanto foste ao cinema.
6. Não, não **os vi**.
7. O que é que vocês **me trouxeram**?
8. Vou **mandar-lhes** um postal.
9. Não **o vistas**!
10. **Comprou-nos** essas camisolas?
11. Quem é que **te trouxe** este livro?
12. **Puseste-o** no frigorífico?

2.

1. Já, já **o vi**.
2. Não, ainda não **os pusemos**.
3. Já, já **as fizemos**.
4. Não, ainda não **me mandaram**.
5. Já, já **os comprámos**.
6. Já, já **o leu**.
7. Não, ainda não **lhe entreguei**.
8. Já, já **lhes telefonámos**.
9. Já, já **a fizemos**.
10. Não, ainda não **as fechámos**.

3.

1. pude
2. souberam
3. houve
4. posso
5. quis
6. pôde................. pude
7. quiseste
8. pôde

4.

1. Na; ao
2. Ao; neste
3. de; para; de; por
4. para /a; aos; para
5. para; às; em
6. de; de
   no
7. ao; na
8. Nas; de/do; em
9. por; para; à
10. na; por; por; do

5.

a chegada
aberto
molhar
pôr a mesa
receber
aceitar
entrar
descer
saber /conhecer

6.

fazer uma viagem (um filme)
convidar um amigo
passar férias
escrever uma carta
plantar uma árvore
tirar fotografias (férias)
apanhar sol
ver um filme (um amigo)

UNIDADE 11

1.

1. Eu passei férias numa praia, **que** é muito bonita. A praia **onde** eu passei férias é muito bonita.
2. O homem **que** está sentado à porta é o meu tio.
3. Tu estás a ler um livro, **que** é o meu preferido. O livro **que** tu estás a ler é o meu preferido.
4. Eles fizeram a festa de casamento num hotel, **que** tem um restaurante excelente. / O hotel **onde** eles fizeram a festa de casamento tem um restaurante excelente.
5. A escola **onde** nós andamos é muito boa.
6. O lápis **que** eu comprei escreve muito bem.
7. A empresa **onde** ela trabalha é muito grande.
8. Tenho de apanhar o autocarro **que** vai para o Rossio.
9. Eu escrevi uma carta **que** é para a minha mãe. A carta **que** eu escrevi é para a minha mãe.
10. A rua **onde** ela teve o acidente é muito perigosa.

2.

1. **Apanha-se** a fruta de manhã cedo.
2. **Apanha-se** o peixe com esta rede.
3. **Limpam-se** as ruas com estes carros.
4. Em Portugal, **comem-se** sardinhas assadas no Verão.
5. **Reparam-se** bicicletas.
6. **Distribuem-se** os presentes pelas crianças.

7. **Gasta-se** muito dinheiro no Natal.
8. **Prevê-se** bom tempo para o fim-de-semana.
9. **Precisa-se** de um governo melhor.
10. **Comem-se** muitos doces.

3.

1. Eu **costumo** fazer um bolo de chocolate ao fim--de-semana.
2. Nós **costumamos** vir cedo da praia.
3. **Andamos** a estudar português há muito tempo.
4. **Ando** a fazer esta tradução desde Junho.
5. **Costumas** ver este programa?
6. **Ando** a fazer um curso de informática desde Janeiro.
7. Os portugueses **costumam** comer pão ao pequeno-almoço?
8. **Ando** a fazer dieta desde o mês passado.

4.

....	profissional
a experiência	....
....	social
....	diário
....	conhecido
a importância	....
....	interessado / interessante
a paciência	....
....	útil
a responsabilidade	....

5.

fazer uma entrevista
ter experiência
falar uma língua
responder a um anúncio
mudar de emprego
usar o telemóvel

6.

rapidamente
frequentemente
pacientemente
facilmente
lentamente
imediatamente
sinceramente
verdadeiramente
seriamente

7.

1. Leiam-no!
2. Trá-las!
3. Ponham-nos em cima da minha secretária!
4. Vejam-nos!

5. *Di-lo ao director!*
6. *Escrevam-nos!*
7. *Fá-la!*
8. *Preencham-nos!*

8.

1. *Leram-no.*
2. *Fi-la.*
3. *Pu-la.*
4. *Vimo-lo.*
5. *Encontrámo-los.*
6. *Ouvimo-lo.*
7. *Enviámo-lo.*
8. *Fê-lo.*

9.

foi; Acabei; tive; arranjei; Saí; de; cheguei; ao; foram; ajudaram; fez; foi; trabalhei; aprendi; fomos; a; em; nos; para; fui; falou; Cheguei; estive; deitei; Dormi; sonhei; com; com

UNIDADE 12

1. * *(Há outras possibilidades de perguntas)*

- *Onde é que a avó vivia?*
- *Onde é que o seu pai trabalhava?*
- *Qual era a profissão da sua mãe?*
- *Quantos irmãos tinha?*
- *Vocês iam para o Algarve nas férias?*
- *O que é que vocês faziam depois da escola?*
- *Quando / Como é que conheceu o avô?*
- *Quando é que casaram?*
- *Como era a vida nessa época?*
- *A avó teve alguma profissão?*

2.

....	*trouxe*	*trazia*
faço	*fiz*	....
vejo	....	*via*
....	*vim*	*vinha*
ponho	*pus*	....
sou	*fui*	....
estou	....	*estava*
....	*li*	*lia*
digo	*disse*	....
....	*fui*	*ia*

3.

trouxe
ia
recebe
vendia

despiu
entra
levantou-se
descia
aprende

4.

o encontro .... encontraram-se
o divórcio .... divorciaram-se
a morte .... morreram
a paixão .... apaixonaram-se
o casamento .... casaram-se
a vida .... viveram
o trabalho .... trabalhou

6.

1. *Ontem ela* **veio** *de carro para o escritório.*
2. *Quando nós* **éramos** *crianças,* **vínhamos** *a pé para a (da) escola.*
3. *Na próxima semana eles* **vão ver** *esse filme connosco.*
4. *Neste momento os filhos dela* **estão a brincar** *no parque.*
5. *À noite eu* **leio** *sempre um jornal.*
6. *No sábado passado nós* **fomos** *ao teatro, mas não* **gostámos** *da peça.*
7. *Antigamente não* **havia** *tanto barulho na rua.*
8. *Hoje de manhã* **pus** *o carro na garagem da empresa.*
9. *Eles* **vêm** *visitar os avós todos os domingos.*
10. *No ano passado nós* **íamos** *sempre àquele restaurante.*